Dan Kieran

Emprender

Cómo crear y dirigir una empresa
(sin que te dirija ella a ti)

Para Isobel, Wilf, Olive, Ted y Poppy

© Ediciones Kōan, s.l., 2024
c/ Mar Tirrena, 5, 08912 Badalona
www.koanlibros.com • info@koanlibros.com

Título original: *Do Start*
© The Do Book Company 2013
Works in Progress Publishing Ltd

Texto © Dan Kieran 2023
Ilustraciones © Mark Smith 2023
Traducción © Carmen Cremades

ISBN: 978-84-10358-01-0 • Depósito legal: B-15090-2024
Diseño de cubierta: James Victore
Diseño del libro: Ratiotype
Maquetación: Cuqui Puig
Impresión y encuadernación: Liberdúplex
Impreso en España / *Printed in Spain*

1ª edición, septiembre de 2024

Contenido

Prólogo

En octubre de 2009 llegué al Bricklayers Arms del Soho para reunirme con mis amigos John Mitchinson y Justin Pollard, escritores como yo. En aquel momento me encontraba en una situación económica difícil. El éxito de mi libro *Crap Towns*, publicado en 2003, me había dado más oportunidades en el mundo editorial, pero ninguno de mis títulos posteriores había conseguido tantos beneficios. Vivía de los libros que escribía y del periodismo de viajes, pero ambos sectores se estaban viendo muy afectados por la crisis económica del año anterior. Al no estar cualificado ni disponer de un título universitario, hacía trabajos por el salario mínimo para pagar las facturas. Unas semanas antes de ir a Londres, estaba limpiando el sótano infestado de ratas de una empresa de contabilidad de Bognor Regis cuando se me ocurrió un plan radical. John y Justin también eran autores superventas, así que sabía que me darían una opinión sincera. Después de unas cuantas cervezas les conté mi idea.

Les expuse cómo, a pesar de haber vendido unos 350.000 ejemplares de mis libros en todo el mundo, no podía contactar directamente con las personas que podrían proporcionarme ingresos porque dependía de la industria editorial, que actuaba como intermediaria entre autores y lectores.

Me lamenté de lo estúpido que había sido y ambos asintieron con pesar: ¿es que a los escritores no nos quedaba otra que depender de las editoriales? El modelo de negocio del mercado editorial apenas había cambiado en quinientos años.

Para mi próximo libro —continué— abordaría una estrategia más sostenible, no sujeta a los caprichos de un editor ni a cuánto calcula que voy a vender. El blog de Kevin Kelly *1000 True Fans* se estaba haciendo muy popular: se había publicado en marzo de 2008, y sugería que si encontrabas mil personas a las que tu trabajo creativo les gustara lo suficiente como para pagarte cien dólares al año, podrías conseguir unos ingresos sostenibles. Entonces decidí hacer un vídeo sobre el libro que quería escribir y pedir a los lectores potenciales que lo compraran por adelantado. Si lograba que un número suficiente de personas lo hicieran, podría escribirlo y enviarles un ejemplar. Y lo que es más importante: crearía una base de datos de gente a la que le gusta mi trabajo. Twitter, que pronto impulsaría este enfoque, tenía solo tres años en aquella época y había adquirido notoriedad pública a principios de ese año en Gran Bretaña, cuando Stephen Fry tuiteó a sus cien mil seguidores de entonces: «Vale, esto es una locura. Estoy atrapado en un ascensor...».

«¡Qué genialidad!», dijo Justin.

John, que había dirigido ya varias editoriales, se acomodó en su silla y sonrió. «¿Has oído hablar de Kickstarter?» Negué con la cabeza, pues por aquel entonces la plataforma tenía solo seis meses. «Lo están usando para recaudar dinero para publicar libros.» Su rostro se tornó amargo, pero luego se iluminó al darse cuenta de algo. «No dejan de enviarme correos para preguntarme cómo ser editor, lo cual, por supuesto, es una pesadilla... Pero si hicieras ambas cosas, *crowdfunding* y construir una editorial, sería como traer un modelo editorial del siglo XVIII al siglo XXI.»

Justin se inclinó hacia delante en su silla. «¡Suscripción anticipada! ¡Como Dickens y Voltaire, pero impulsada por Internet!»

«La verdad es que es una idea brillante», coincidieron ambos, «pero no solo para ti, Dan. ¡Todos los autores lo necesitan!».

Unas cervezas después, nos comprometimos a anteponer nuestra amistad al negocio si alguna vez las cosas se torcían, y a dividir la propiedad de la empresa en tres partes. Yo sería el CEO porque había plantado la semilla de la idea. «Y porque necesitas un maldito trabajo», dijo Justin, guiñando un ojo. Luego añadió crípticamente: «Apuesto a que Terry tiene un libro para nosotros.»

Y dieciocho meses después, tras muchas reuniones en *pubs* y algunas más en el club situado en lo alto de la misma torre Centre Point a la que Stephen Fry subía en aquel ascensor que se averió, Unbound se puso en marcha el 31 de mayo de 2011 en el Hay Festival, el festival literario de Hay-on-Wye (Gales). Nuestro primer libro, *Evil Machines* de Terry Jones (de los Monty Python), obtuvo financiación y llegó a las tiendas a tiempo para Navidad.

Y así fue como empezó todo.

Introducción

De lo que no me di cuenta aquella tarde en medio de todo el alboroto en el *pub* fue de que convertirse en emprendedor es como jugarte tu reputación en una casa de apuestas. Así que lo primero que debes recordar antes de emprender tu propio camino es desconfiar mucho de quienquiera que te dé un consejo. Los consejos son como campos de minas para los emprendedores principiantes o en fase inicial. Estarás nervioso y no tendrás experiencia, y te encontrarás con un montón de «expertos» autoproclamados —inversores, inversores de capital riesgo, gente que conoces o a la que sigues en las redes sociales—, que te regalan opiniones bienintencionadas, y que a veces te saldrán caras, sobre lo que debes o no debes hacer (las «leyes» del emprendimiento, etc.). Por eso mi regla de oro en la vida es dejarme aconsejar solo por quien realmente haya hecho lo que yo voy a hacer.

Ahora bien, puede que pienses que hay leyes inmutables sobre los negocios en las que los no emprendedores pueden tener razón y compartirlas, y en términos específicos y prácticos (los legales y contables son obvios) eso es cierto. Pero el problema con los consejos empresariales generales de los que hablo es que sean cuales sean los motivos que crea tener quien te los da, lo que en realidad te está diciendo es lo que haría en tu situación. Pero si no se ha jugado su reputación en una casa de apuestas, no entiende lo que significa jugarse el cuello como estás a punto de hacer tú. Los emprendedores que han pasado por ello, en cambio, sí. Sus consejos tendrán en cuenta instintivamente el riesgo al que te expones. Y siempre se pondrán a tu nivel, que es lo que pretende este libro.

La otra cosa de la que no me había dado cuenta era que estaba a punto de emprender dos caminos. El primero parecía bastante obvio: el camino de construir una empresa. Pero también había otro camino, más personal. El del límite de lo que me creía capaz de hacer.

Entonces, para poder avanzar, en primer lugar: ¿por qué deberías escucharme?

Porque yo acabo de salir de esa casa de apuestas en la que tú estás a punto de entrar.

Qué pasó después

Once años después de nuestro estreno había conseguido que Unbound se convirtiera en una plataforma editorial rentable, multimillonaria, global y premiada. Como cofundador y CEO principiante, durante el tiempo en que dirigía la empresa experimenté la pronunciada curva de aprendizaje que supone contratar y despedir gente, crear una marca, encajar en el mercado, alimentar una cultura corporativa y conseguir el tipo de crecimiento interanual de ingresos que exigen los inversores de capital riesgo para quedarse. Dirigí la empresa y cerré una serie de rondas de financiación desde el origen (amigos, familiares y ángeles inversores), pasando por *crowdfunding* de capital, superángeles inversores y fondos de capital riesgo, hasta llegar a acuerdos de asociación con marcas conocidas.

Ganamos el premio a la *startup* del año en 2012; dos de nuestros libros ganaron el premio al libro del año, y fuimos nominados seis veces como editorial independiente del año. Ampliamos y redefinimos la forma en que nuestro sector podía adoptar la tecnología para ofrecer a autores y lectores una mejor experiencia, e hicimos posible que se escuchara la voz de una nueva generación de autores de diversas procedencias e intereses. Llegué a tener en plantilla hasta cuarenta personas a mi cargo antes de tener que reducirla a veinticinco a consecuencia de la pandemia de COVID-19 y al Brexit, y ahí fue cuando aprendí que, en el ciclo vital de cualquier negocio exitoso, el crecimiento de los ingresos tiene que ceder en última instancia ante la rentabilidad. Cuando alcanzamos este logro yo estaba agotado, pero había conseguido lo que me había propuesto. Entonces dejé el cargo de CEO, pero manteniéndome como director no ejecutivo y accionista.

Hay que tener en cuenta que escribir acerca de una experiencia personal es un arma de doble filo: si bien basarse en ella es una de las virtudes de este libro, es también una limitación. Por eso te sugiero que te pongas en contacto con emprendedores a los que admires y que estén unos pasos por delante de ti en tu sector específico para que puedan aconsejarte. Todos los CEO de *startups* que he conocido están ocupados a niveles absurdos, pero la mayoría dedicarán un poco de su tiempo a ayudar a otros fundadores que les pregunten cuestiones concretas sobre cosas por las que ya han pasado, si pueden.

También creo que la salud mental de los fundadores es un aspecto que se ha pasado por alto durante mucho tiempo al contar la historia de la creación de una empresa, así que lo que pretendo compartir en este libro son algunas de las verdades universales del camino del emprendimiento y las estrategias que he desarrollado para impedir que tu nueva empresa te dirija a ti. Lo más importante que he aprendido es que al desarrollarme plenamente como individuo alcancé lo único realmente valioso: la persona en la que me he convertido como resultado de esa experiencia.

Por ese motivo, este libro no es una guía paso a paso de los aspectos legales para crear una empresa, ni trata sobre cómo interpretar y comprender los beneficios y las pérdidas. Por el contrario, *Emprender* es una ventana desde la que observar lo que se siente al crear y dirigir una empresa y una descripción del proceso que seguí para mantener intacta mi cordura durante y después de mi etapa como CEO.

¿Te animas? Genial, entremos.

1
**Conviértete
en fundador
y CEO**

Como fundador/CEO, tus tres responsabilidades son:

1. Transmitir la visión de la empresa.
2. Asegurarte de que la empresa nunca se quede sin fondos.
3. Contratar a personas que sean mejores que tú en cada puesto.

¿Suena sencillo? Pues sí... y no.

Transmite la visión de la empresa

La visión de la empresa es la bandera con la que corres y que motiva a todos a seguirte. Es la razón por la que haces lo que vas a hacer. Todo lo que hace tu empresa debería aportar o facilitar de algún modo esta visión. Tu visión tiene que producir inspiración y generar aspiraciones, pero al mismo tiempo debe ser alcanzable. Para motivar a la gente tienes que articular de la forma más concreta posible cuál es el propósito de tu empresa, qué te impulsa y por qué debería importarle a cada uno de sus miembros. ¿De qué forma puede contribuir a hacer del mundo un lugar mejor? ¿Qué problemas pretende resolver? ¿Y por qué eres tú la persona adecuada para liderarla? Si comunicas tu visión con eficacia, tu equipo será capaz de expresarla tan claramente como tú.

La visión no es algo que resulte «agradable de tener». Pero será tu ancla en las inevitables tormentas que se avecinan.

Porque, como estás a punto de descubrir, ser CEO puede ser una tarea increíblemente solitaria y turbulenta. Tener un sentido claro del propósito es a veces lo único de lo que te puedes fiar cuando no estás seguro de qué hacer. Y tampoco es algo que se pueda escribir fácilmente y pegarlo en la pared. Habrá muchos momentos en los que no sepas si tu empresa debe o no debe hacer algo. Antes de que te des cuenta, verás que al tomar una decisión te pierdes en los detalles y no adoptas una perspectiva general. Cuando esto ocurra, da un paso atrás y comprueba si aquello que estás considerando hacer está alineado con tu visión. Si no lo está, no lo hagas. Por mucho que hayas avanzado con la nueva idea.

También es crucial dedicar tiempo a la forma de comunicar esa visión, porque a través de ella se desarrollarán tu estrategia de marca y tu tono de voz, la búsqueda de financiación (si la necesitas), el *marketing* y todas las comunicaciones, las relaciones públicas, las redes sociales, etc. La autenticidad de tu visión es primordial. Las personas con las que tratas, sean miembros de la plantilla, inversores o clientes, huelen la sinceridad. También es vital que tú tengas una misión clara como líder, porque seguro que cometerás errores, pero tu equipo te dará el beneficio de la duda si cree en el objetivo, que debe estar por encima de ti.

Asegúrate de que la empresa nunca se quede sin fondos

Al empezar no tendrás suficiente dinero para cubrir los gastos, así que la única forma de evitar que el negocio se quede sin fondos será poniéndolos de tu bolsillo o consiguiéndolos de otra parte. Claramente, lo ideal es no tener que pedir dinero. Si hay alguna forma concebible de poner en marcha tu empresa sin financiación externa, hazlo. Pero si tienes que recurrir a otros medios, como hicimos nosotros, descubrirás que las proyecciones financieras que tienes que mostrar para que la inversión resulte atractiva exigen un nivel de crecimiento y un aumento de los costes para lograr ese crecimiento que dificulta cada vez más la rentabilidad. ¿Recuerdas cuando de pequeño te ponías de pie en el centro de un balancín e intentabas mantener el equilibrio y, a la vez, los dos extremos del balancín en el aire? Eso es lo que se siente al controlar los costes y aumentar los ingresos de una empresa.

No quedarte nunca sin fondos es el número dos de tu lista de responsabilidades, pero en realidad es por lo que te preocuparás la mayor parte del tiempo. Es normal que esta cuestión se apodere de una parte específica de tu cuerpo. Mi instinto estaba tan en sintonía con nuestro horizonte financiero (el tiempo que una empresa puede funcionar con los recursos financieros disponibles), que empecé a confiar en él incluso cuando las hojas de cálculo me decían que todo iba bien. Mi instinto nunca se equivocaba.

La buena noticia es que tu mayor activo como emprendedor es que tienes una mayor tolerancia al riesgo que la mayoría de la gente. Debes tenerla, o de lo contrario no te habrías metido en esta casa de apuestas. Esto te permitirá mantener la calma cuando otros entren en pánico y podrás ver con claridad a través de la emociones y sentimientos —propios y ajenos— que conspiren contra ti.

Contrata a personas que sean mejores que tú en cada puesto

Tu empresa necesita personas expertas en cada puesto. Al principio no podrás permitírtelo, pero con el tiempo esa posibilidad surgirá de forma orgánica, a medida que tu empresa madure. Probablemente también decidas contratar a gente con experiencia en tu puesto. Es muy habitual que los CEO fundadores contraten, por ejemplo, a un director de operaciones (COO) con experiencia para que les ayude a organizar la empresa cuando esta empieza a crecer. Pero recuerda que en estos casos estás subcontratando la experiencia, no la responsabilidad, que sigue siendo tuya. Asegúrate de que en todo momento sabes lo que está pasando, aunque hayas contratado a gente precisamente porque no sabes qué hacer.

La tercera de tus responsabilidades es la más difícil de todas, porque si haces bien esta parte de tu trabajo, en algún momento no habrá ningún rol que puedas desempeñar. Esta es la verdad agridulce que esconde la palabra *éxito*, de la que muy poca gente habla, pero a la que todos los emprendedores aspiran (se den cuenta o no). Cuando realmente lo hayas alcanzado lo sabrás, porque al fin serás capaz de traspasar la responsabilidad a otra persona, y entonces no quedará ningún sitio en la mesa para ti.

Cómo ganarte tu nuevo cargo

Tu cargo es la expresión que te define en un contexto profesional. Proyecta una imagen de ti al mundo. Probablemente ahora mismo te suene genial decir las palabras *fundador* y *CEO* después de tu nombre. Puede que incluso te hayas gastado un dineral en tarjetas de visita. No hay nada malo en ello siempre que no pierdas la perspectiva —lo cual es difícil—, ya que, en cualquier otra profesión que no sea la de emprendedor, un nuevo cargo se adquiere como recompensa por un estatus que ya te has ganado en la mente de la gente que te rodea (de ahí el ascenso). Pero como emprendedor te llaman jefe mucho antes de que hayas demostrado que eres capaz de serlo. Por eso es tan difícil dar consejos. Porque, lo admitan o no, la mayoría de los fundadores y CEO padecen el síndrome del impostor, que los hace susceptibles de ser influenciados por cualquier persona que manifieste seguridad acerca de lo que deberían hacer. Pero no pasa nada por no saber lo que haces. Esa es la realidad de todos los emprendedores novatos. Así que disfruta de tu nueva actualización de estado en LinkedIn, pero comprende que tu cargo es una ficción que todo el ecosistema entiende: inversores, cofundadores, personal y clientes. Solo que son demasiado educados para decírtelo.

Aprende a ser jefe

Ser el jefe significa que tienes la responsabilidad de materializar la visión de la empresa. No significa que ahora todos los miembros de la empresa tengan que estar subordinados a ti. Puede parecer lo mismo, pero no lo es. Ser el jefe significa que no hay nadie detrás de ti para hacerse cargo de lo que se te pase por alto. Eres la última línea de defensa. Tienes que responsabilizarte de aquellas decisiones difíciles que son necesarias para que la empresa progrese. Tendrás que hacer los peores trabajos y manejar las situaciones más incómodas. Este constante acto de responsabilidad es lo que, a ojos de quienes te rodean, te permite pasar de ser la persona que se llama CEO porque tuvo la idea del negocio a convertirte en el verdadero líder de la empresa.

Es desalentador asumir este nivel de responsabilidad cuando no sabes lo que estás haciendo y cuando hay tanto que hacer (sobre todo porque lo que te estás jugando es tu reputación). Precisamente por eso es clave tener una visión clara, que siempre te guiará.

Ser responsable va más allá de cumplir con tu «lista de tareas», que no dejará de crecer por muchas cosas que taches en ella. Supone ser la única persona imperturbable. Quienes se dejan llevar por sus emociones suelen tomar malas decisiones y se convierten en malos líderes. Te asaltarán emociones todo el tiempo, pero tienes que aprender a dejar de lado tu reacción defensiva inicial ante cualquier dificultad para tener una idea clara de qué acción debes emprender. Si quieres que te sigan, tienes que transmitir solidez y confianza. Incluso, y especialmente, en momentos de crisis. Tu equipo necesita un guía que los ayude a superar sus miedos y que también empuje a seguir adelante. Como jefe, ahora tú eres esa persona.

Si comienzas a sentirte un poco intimidado y empiezas a cuestionarte cuánto te va a exigir todo esto, no te preocupes. Esto es solo el segundo camino —el de tu desarrollo personal— que mencioné en la introducción. Emprender un negocio es el mayor ejercicio de crecimiento personal en el que puedas embarcarte. Tus debilidades se van a mirar con lupa, pero cuando te enfrentes a ellas descubrirás que ya tienes lo que hace falta para triunfar. Basta con estar alerta y esforzarte por ser la mejor versión de ti mismo para soportar la presión. Por un lado, lo haces por motivos puramente comerciales, porque desarrollarte como individuo te convierte en un mejor líder, y eso aumenta drásticamente las posibilidades de éxito de tu empresa. Pero por otra parte, también lo haces porque te convertirás en mejor persona. Esto te ayuda a aceptar la inevitable incertidumbre en lugar de intentar evitarla o resolverla.

Utilizar tus experiencias al frente de la empresa para limar defectos personales no es un ejercicio abstracto. Tu empresa se construye a tu imagen y semejanza, de modo que si no haces nada al respecto, trasladarás al negocio tus malos hábitos. Si te cuesta expresarte, la empresa fallará en el ámbito de la comunicación. Si no sabes gestionar conversaciones difíciles, tendrás dificultades para tomar las decisiones difíciles que la empresa requiera. Pero antes de que te desanimes demasiado, te diré por qué este ejercicio es a la vez tan fantástico y gratificante. Nadie conoce mejor que tú tus puntos débiles. El éxito o el fracaso de tu empresa radican en tener el valor y la humildad de afrontar esos puntos débiles y trabajarlos. Esto es tan importante que le dedicaremos un capítulo entero más adelante.

Estar dispuesto a desarrollarte personalmente cambia la forma en que la gente se relaciona contigo más de lo que lo hará cualquier cargo. Tu equipo te verá hacerlo. Empezarán a respetar tus juicios y tu ejemplo. Y el calor de este creciente respeto alimentará tu ego mucho más que una actualización de estado en LinkedIn.

Obedece la ley, ignora las normas

La razón por la que la gente como nosotros creamos y dirigimos empresas es porque somos el tipo de personas que quieren cambiar el mundo. El mantra que les repito a mis propios hijos es «Obedece la ley, ignora las normas». Esta es también una buena lección para ser emprendedor, aunque, como dice mi amigo Alex Smith, director de Basic Arts, tienes que entender y dominar las reglas de un mercado antes de saltártelas. Les compré a todos los empleados de Unbound un libro sobre la historia de la edición titulado *Merchants of Culture*, de John Thompson, para que comprendieran el contexto de la industria en la que intentábamos influir. Ese libro y el conocimiento de primera mano que teníamos los fundadores sobre cuáles eran los problemas del mercado editorial nos llevaron a concluir: «Entonces, tendremos que cambiarlo».

Construir Unbound —crear un negocio de la nada, con determinación y habilidad— es lo más vital y estimulante que he hecho en mi vida. Aunque ahora te enfrentas a una responsabilidad y una presión enormes en tu propio camino como emprendedor, también estás tomando las riendas de tu propio destino. Como se suele decir, estás «disfrutando el momento», haciendo realidad tu visión y viviendo la vida de tus sueños. Aunque los obstáculos para crear tu propio negocio pueden ser grandes, hacerlo te permite extraer creatividad, energía y poder de unas reservas que residen en tu interior y que probablemente desconocías. Esto te proporciona una enorme cantidad de energía positiva y pasión, lo que te hace increíblemente atractivo para las personas que te rodean, que se sentirán inspiradas por tu decisión de intentar marcar la diferencia.

Si sintonizan con tu visión, te encontrarás igual que yo, dirigiendo a un equipo de personas extraordinarias tan enfocadas y decididas a hacer realidad esa visión como los propios fundadores.

Esto se debe a que el lanzamiento de una *startup* atrae al tipo de personas que no encajan en ningún otro sitio. Y tú necesitas personas poco convencionales. Aún no podrás permitirte contratar a expertos en funciones específicas y, de todos modos, serán demasiado reacios a correr el riesgo de unirse a ti. Nuestra primera empleada salió corriendo a buscarnos a John y a mí después de que diéramos una charla sobre Unbound en la organización benéfica a la que pertenecía, y se ofreció a trabajar para nosotros gratis por las tardes hasta que pudiéramos pagarle un sueldo. Tienes que encontrar generalistas motivados y supertalentosos que te ayuden a superar el caos de los primeros días, cuando aún estás definiendo qué es tu empresa y cómo funciona. Necesitas gente suficientemente buena en todo, más que perfecta en una sola cosa, lo que crea una especie de sinfonía idiosincrásica de positividad a tu alrededor.

Los primeros años de Unbound transcurrieron principalmente en un *pub* (donde aún recibimos correo de vez en cuando) o en el club de Dean Street, en el Soho, encima del cual estaba inicialmente nuestra oficina (mi piso). Se suele decir que la cultura *startup* requiere largas jornadas de trabajo, y es totalmente cierto. Pero esas largas jornadas se deben a que la línea que separa el trabajo de la vida social se difumina. Sois una pequeña tribu de personas que comparten una visión, luchando por marcar una diferencia positiva con una banda sonora de risas y entusiasmo. Por supuesto, a veces tiemblo al recordar aquellos inicios, pero por aquel entonces mi sensación general era de infinitas posibilidades, orgullo y mucha diversión. Había un gran revuelo en torno a Unbound cuando arrancamos. Nos propusimos cambiar la industria editorial y, a pesar de los enormes desafíos, quiero pensar que lo hicimos.

Encuentra el *pitch* perfecto

Antes de crear una empresa que sea creíble en términos financieros, tienes que lograr que crean en ti como fundador y CEO. Ya hemos visto que asumir la responsabilidad te permite cumplir con las expectativas de tu cargo desde dentro, con tus inversores, plantilla y cofundadores, pero también debes mostrar una cara diferente hacia fuera si quieres que el mundo exterior te preste atención. Esto significa pulir tu presentación, tu *pitch*.

Los fundadores y CEO de las *startups* suelen ser un poco arrogantes. Te digo por qué: porque, aparte de su idea, una pequeña cantidad de dinero y un grupo de acólitos, no tienen mucho más. Hay un dicho que resultará familiar a cualquiera que haya estado dentro del ecosistema de las *startups*: «Fíngelo hasta que lo consigas», y es cierto. Desde el minuto cero tienes que comportarte como si tu empresa fuera un éxito. El triunfo tiene que ser incuestionable en tu mente. No hay lugar para la duda. Si titubeas, el resto también dudará de ti.

Podéis aprovechar el autoconocimiento que la creación de la empresa os ha proporcionado a tu equipo y a ti y utilizarlo para representar ante el mundo exterior una versión exagerada de ti mismo, una caricatura incluso. En cierto sentido puede sonar contradictorio, pero poner diferentes caras ante situaciones diferentes forma parte de tu trabajo. Precisamente porque te toparás con personas que serán mucho más cínicas con tu nueva idea que quienes te apoyan, mucho más difíciles de persuadir que tu equipo, e incluso puede que tengan un interés personal en que fracases. Cuando empezamos, un veterano del sector dijo: «Sea cual sea el futuro de la edición, no es Unbound». Así que tienes que ser fuerte. No en el sentido de ser agresivo o de dar gritos: tu pasión debe superar su cinismo. Tienes que deslumbrarles con tu encanto de emprendedor y tener la suficiente seguridad para construir argumentos que te protejan a ti, a tu equipo y a la empresa de su negatividad en los tan delicados inicios. También es muy importante que tu equipo vea tu estilo de contrataque ante el rechazo del mundo. Muchos años después, cuando el negocio ya se había estabilizado, comprobé el impacto que había tenido a largo plazo este enfoque cuando entré en nuestra sala de juntas y vi en las notas de una reunión anterior la pregunta «¿Cuál es la ventaja inicial de Unbound?». Y debajo ponía: «Los fundadores». Esto es a lo que tienes que aspirar. Tienes que salir ahí fuera y contar la historia de tu empresa y hacer que tu equipo se sienta orgulloso de estar a tu lado.

Una vez que te das cuenta de que, aparte de todo lo demás, eres el narrador principal, te haces una idea de la energía, la fortaleza y la determinación que necesitas canalizar en la forma de comunicar la historia de lo que pretendes hacer. Las historias necesitan resonancia emocional. Pueden —y deben— ser fantásticas, pero siempre deben sintonizar con personas reales. Yo utilicé la forma en que intentaba inspirar al equipo para aprender cómo presentar el negocio a los demás.

Mientras dirijas la empresa, nunca dejarás de presentarla. Practica cómo cuentas la historia de lo que vas a hacer, porque esta narración, y lo bien que aprendas a contarla, es lo que te definirá. La forma de hacerlo, y el proceso por el que tu empresa realmente cobrará vida en el mundo, es construyendo tu marca.

2
**Construye
tu marca**

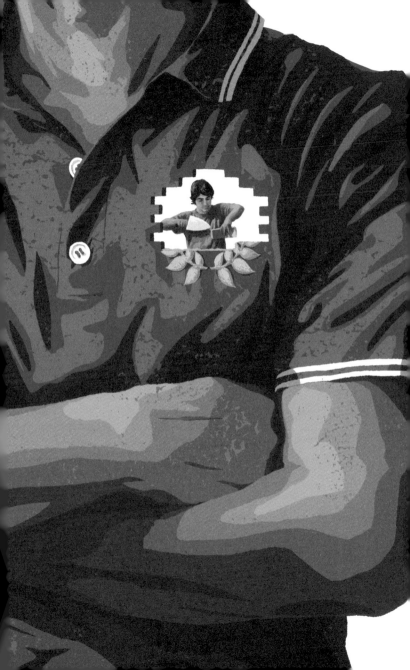

En *Merchants of Culture*, John Thompson detalla los cinco diferentes tipos de capital que necesita cualquier editorial, pero a mí me parecen cruciales para todas las empresas.

— **Capital financiero:** el dinero que necesitas para emprender un negocio.

— **Capital humano:** las personas que te ayudarán a hacer realidad tu negocio.

— **Capital social:** las redes en las que ya te encuentras y que te van a apoyar.

— **Capital intelectual:** la propiedad intelectual que posees o adquieres en el proceso de hacer negocios, o el aspecto diferenciador que hace valiosa tu empresa.

— **Capital simbólico:** el valor de tu empresa a ojos de los demás.

Como editorial, Unbound no tenía un capital simbólico porque aún no habíamos publicado ningún libro, así que tuvimos que construir una marca partiendo de nuestras intenciones. Como autor, lo hice —sin ni siquiera saberlo— mejorando la narrativa y el *pitch* de nuestra visión, que había evolucionado desde la conversación que tuve en el *pub* con Justin y John, y que ahora se situaba en el contexto de una oportunidad de crecimiento empresarial masivo. Conté la historia de mi recorrido hasta convertirme en un autor superventas, el colapso financiero de 2008 y cómo de la noche a la mañana perdí mi sustento y tuve que realizar trabajos por un salario mínimo; conté que en el sótano infestado de ratas de una empresa de contabilidad en Bognor Regis se me ocurrió la idea de romper el mercado editorial y crear un negocio que uniera a autores y lectores con el fin de cambiar una industria multimillonaria global. Lancé incluso la hipótesis de que grandes autores del pasado como Charles Dickens, George Orwell y Jane Austen nos estaban animando. Íbamos a dar a autores y lectores el poder de decidir qué libros debían publicarse y a democratizar un proceso que durante cinco siglos había ocurrido a puerta cerrada. Unbound no era un negocio: era una revolución.

Al principio, nuestra marca consistía por completo en esta historia. Así es como conseguí el dinero que necesitábamos para crecer. Así es como convencí a la gente de que viniera a trabajar con nosotros. A lo largo del proceso me fui dando cuenta de que la gente conectaba con ese camino personal de autenticidad que yo había emprendido para intentar renovar una industria editorial centenaria de la cual me había beneficiado, pero que luego me había rechazado. Este proceso me enseñó el valor de la autenticidad, que pronto se convirtió en mi piedra angular.

En cuanto al logo, no quería dar la imagen de una editorial típica, pero tampoco tenía ni idea de cómo hacerlo. Una práctica que se convirtió en habitual cuando no estaba seguro de qué hacer, recurrí a mi historia personal, porque no tenía nada más. Powell Peralta, mi marca favorita de monopatines en la infancia, tenía un equipo llamado The Bones Brigade que incluía a Tony Hawk, Steve Caballero, Rodney Mullen,

Lance Mountain, Mike McGill y Tommy Guerrero. *The Bones Brigade* era como mis Beatles. De adolescente me pasaba todo mi tiempo libre intentando copiar los trucos que les veía hacer en cintas VHS rayadas o en fotos de la revista *Thrasher*. El logo de Powell Peralta tenía una tipografía de bordes suaves, con letras negras sobre fondo blanco, así que el primer logo de Unbound era casi exactamente igual (aunque yo hice el nuestro en minúsculas porque el suyo estaba en mayúsculas).

Por cierto: aunque es verdad que debes fiarte ante todo de tu historia personal para dar autenticidad a tu negocio, este es precisamente el motivo por el que luego es tan difícil para los fundadores abandonar o vender sus empresas: porque la construyes a partir de ti mismo. Por eso hay que tener cuidado a medida que crece la empresa. Tu cordura depende de si eres capaz o no de extirpártela intelectual y emocionalmente con el tiempo.

Unos años más tarde, cuando pudimos permitírnoslo, Unbound hizo un cambio de marca. Me resultó doloroso por las connotaciones que tenía para mí el logo original. La nueva marca no me gustaba tanto como la original y no estaba del todo convencido, pero ya entonces intuía que debía empezar a soltar la cuerda. El negocio tenía que evolucionar más allá de mí por si en algún momento quería dejarlo, manteniendo intacta mi salud mental, y para que pudiera convertirse en una empresa verdaderamente sostenible.

Marketing y publicidad

Como *startup* no teníamos presupuesto para ningún tipo de marketing o publicidad que reforzara nuestra marca, así que nos limitamos a decir quiénes éramos, qué queríamos hacer y por qué lo hacíamos. Y luego nos pusimos a hacer todo aquello. Y no fue solo mi propia historia la que tejió los hilos de Unbound: lo hicieron también las de Justin y John, entretejidas con la mía. Y después se añadieron los hilos de nuestros primeros empleados a la propia historia de Unbound. No en los orígenes de la idea de la empresa, pero sí en el desarrollo de nuestros valores como empresa y en el tipo de gente que vino a trabajar con nosotros, atraída por esos valores. Y este proceso se ha mantenido a lo largo del tiempo, con la incorporación de nuevas personas y con la salida de otras, y así seguirá mientras exista la empresa. Los mensajes auténticos y coherentes para comunicar quiénes somos como grupo conectan con un público que, como nosotros, siente que al mercado editorial le hace falta un cambio. Muchos de nuestros primeros y más fieles seguidores trabajaban en otras editoriales. Y, por supuesto, cuando estás empezando, ayuda mucho tener a Terry Jones hablando de tu empresa en televisión y en los periódicos de todo el mundo.

En retrospectiva, pienso que crear la marca fue lo más fácil e importante que hicimos en aquellos primeros días, pero también es cierto que no lo hicimos de forma consciente. Y nunca gastamos dinero en ello, así que nunca fue algo artificial. Simplemente mostramos quiénes éramos con un nivel de transparencia que entonces era poco habitual para una marca, pero que ahora es mucho más común.

Eso es porque antes de Internet tu marca significaba lo que tu marketing, publicidad y relaciones públicas decían que significaba. Podías controlar la forma en que dabas a conocer tu empresa y decir cuáles eran tus valores con solo invertir dinero en promover lo que querías que la gente pensara. Pero en cuanto llegó Internet, las marcas empezaron a darse cuenta de que este enfoque no funcionaba de la misma manera. La gente podía descubrir y compartir su experiencia con tu marca de forma totalmente independiente de ti. Las marcas pasaron de ser lo que el personal de *marketing* y relaciones públicas de la empresa decía que era, a ser lo que sus clientes decían que era. El genio de la marca ya está fuera de la botella. Si una empresa se porta mal, aparece al instante en todas las redes sociales, y a menudo recibe más atención que los mensajes pagados que se lanzan por medio de la publicidad convencional. Tiene sentido, ¿verdad? Como consumidor, ¿a quién vas a hacer caso? ¿Al anuncio publicitario de una marca en un periódico o a un hilo viral en las redes sociales sobre la experiencia de alguien con esa marca?

Aunque esto trae grandes dolores de cabeza a las multinacionales, es una gran noticia para las *startups*, porque refuerza el principio de autenticidad. Hoy en día, si quieres que la gente piense algo determinado sobre tu marca, solo lo consigues comportándote de esa manera. Todo el tiempo. Y nunca para lograr un efecto, sino porque es en lo que realmente crees. Es increíblemente sencillo. La integridad significa hacer lo que dices que vas a hacer como empresa.

Como debería ser obvio, esto va unido con la honestidad. La integridad se convierte en una brújula que siempre intentas seguir. En nuestro caso, yo proclamaba nuestro deseo de ayudar a los autores y lectores que estaban siendo ignorados por la industria tradicional, así que tuvimos que esforzarnos en demostrar que éramos una plataforma viable que esos autores podían utilizar para hacerse oír, tanto si se sentían excluidos por su género, raza, identidad sexual o procedencia, como si pensaban que sus intereses y puntos de vista se pasaban por alto. También afirmé que Unbound tendría valores progresistas como empleador. Todo esto era muy fácil de decir, pero mucho más difícil de hacer. Sin embargo, sentíamos que aspirar a esas cosas era la dirección hacia la que apuntaba nuestra brújula de la autenticidad.

Cuando comenzamos ocurrió un desastre con la entrega de uno de nuestros libros, lo que puso a prueba nuestros valores. Las personas que habían comprado por adelantado el libro se enfadaron con razón cuando este apareció en las tiendas antes de que ellos recibieran sus ejemplares, y expresaron sus quejas en las redes sociales. El equipo se sentía fatal porque las cosas habían salido así, pero estaban trabajando increíblemente duro para solucionarlo y les afectaba el trato que estaban recibiendo. Así que hice lo que me dictaba mi instinto. Respiré hondo y pedí perdón en las redes sociales, expliqué lo que había ocurrido y tuiteé mi número de teléfono móvil, ofreciéndome a disculparme en persona con cualquiera que se sintiera defraudado. En la oficina se escandalizaron, pero yo argumenté que cuando la gente se queja se siente impotente y necesita que alguien con autoridad le escuche para solucionar su problema. Y no había nadie por encima de mí en la empresa.

Puede que te parezca una locura, y en retrospectiva tal vez lo fuera (aunque Twitter era un lugar mucho más amable por aquel entonces), pero yo había hecho un gran discurso sobre que nos íbamos a diferenciar de las editoriales tradicionales en la forma de tratar a nuestros clientes y a nuestro personal, así que tenía que demostrasrlo en ese momento de crisis. Además, por aquel entonces éramos cuatro gatos en la editorial: si alguien tenía que tratar con clientes enfadados, sería yo, como jefe. Yo era quien tenía que asumirlo. Tenía que liderar y asumir la responsabilidad del error. No lo hice a la ligera, estaba aterrorizado, pero tan pronto como empezamos a recibir las llamadas, me di cuenta de que era lo mejor que podía haber hecho. Todas las personas con las que hablé estaban molestas al principio, pero terminaron siendo muy comprensivas y educadas al final de la conversación. La mayoría se disculparon por haber reaccionado de ese modo. Y todas me dijeron que les gustaba mucho Unbound, por eso se habían enfadado tanto. Fue una gran enseñanza para mí, y también demostró al equipo que yo les cubriría las espaldas cuando hiciera falta. Que si había que recibir disparos, yo sería el primero en la línea de fuego.

Sin embargo, hubo otros momentos en los que me di cuenta de que liderar significaba dar un paso atrás. Unbound ganó todo tipo de premios en los once años que dirigí la empresa, pero nunca subí al escenario para recibir ninguno. ¿Por qué? Porque liderar significa apartar tu ego y centrarte en materializar la visión, que nunca está del todo «realizada». Los premios te ofrecen el único escenario al que no necesitas subir. También es una magnífica forma de demostrar a tu equipo lo mucho que lo valoras. Dales protagonismo: ellos han hecho el trabajo. Los premios pueden ser muy útiles para tu marca, ya que otorgan un capital simbólico y ayudan a la hora de buscar financiación porque son una forma rápida de transmitir el éxito, pero son una de las cosas con las que tienes que tener cuidado como líder: pueden ser grandes distractores. A lo largo de los años he llegado a la conclusión de que el atractivo de los premios es mayor cuando crees que tu empresa no merece ganarlos. Parece que es entonces cuando ansías la validación externa que aportan, porque en el fondo sabes que no lo has hecho todo lo bien que podrías. Por el contrario, cuando realmente mereces un premio, obtenerlo importa mucho menos porque tú ya sientes que has triunfado.

Comunidad, redes sociales y relaciones públicas

Una de las formas más eficaces de captar la atención de un cliente potencial es a través de las redes sociales y las relaciones públicas. Esto implica definir el tono de voz de tu negocio y decidir cómo se comportará la empresa en el mundo. Como hemos aprendido, cuando vayas a hacer algo nuevo en tu negocio y no estés seguro de cómo hacerlo, consulta tu visión.

Como editorial y plataforma de mercado *online*, nuestra visión era «conectar a autores y lectores», así que nuestro tono de voz debía tener sentido para ellos. Como en realidad éramos autores y lectores, fue una tarea relativamente sencilla. Hablábamos de las cosas que nos importaban: los libros, la edición y el uso de la tecnología. Pero también éramos una marca desafiante, que intentaba cambiar el *statu quo* sin reparos, así que nuestra voz también debía tener una actitud. Como he mencionado, yo vendía la idea de Unbound más como una revolución que como una empresa, así que esto también pasó a formar parte del ADN de nuestra voz.

A medida que nuestro negocio se fue consolidando, decidimos invertir en promocionar nuestra marca, pero en lugar de gastar dinero en *marketing* o en publicidad tradicional u *online*, lo hicimos de una forma acorde con nuestro tono de voz y nuestros valores. Contratamos a una brillante editora para lanzar una revista *online* y le pedimos que encargara a periodistas y autores artículos largos (bien remunerados) sobre temas que eran poco habituales en los medios de comunicación tradicionales. No interferimos exigiendo ciertos índices de clics. Solo tenía que encargar artículos a escritores que nuestra comunidad quisiera leer. Y funcionó. Trajo textos fantásticos de un amplio abanico de autores y voces, y la revista se hizo muy popular tanto entre los clientes habituales como entre los nuevos.

¿Qué significa todo esto para ti y tu nueva marca? Que esta se construye cuando materializas tu visión genuina: teniendo integridad. Sé humilde. No hay atajos. Haz lo que dices que vas a hacer y olvídate de todo lo demás. Tus acciones importan. Sé coherente con tu visión y con tus valores. Lidera desde el frente cuando las cosas vayan mal y deja que tu equipo sea el centro de atención cuando vayan bien. Así es como crecerá tu marca.

3
**Busca
financiación**

En muchos momentos, al frente de tu empresa te sentirás como si estuvieras dando tumbos por una carrera de obstáculos con los ojos vendados, y esto es algo que les ocurre sobre todo a la mayoría de los fundadores principiantes cuando buscan financiación.

La primera vez que intenté pedir financiación para Unbound, mi mayor problema no fue entender los pasos necesarios para hacerlo, dado que me había leído todos los blogs y artículos que encontré al respecto. Tampoco se trataba de dónde encontrar posibles inversores, ya que los contactos de Justin y John nos presentaron a muchas personas a las que describían como «clientes potenciales». No. El problema estaba en mi cabeza. Sencillamente no creía que fuera capaz de lograrlo. Recuerdo que me mordía las uñas en las primeras reuniones con inversores, plenamente consciente de lo mal que le parecería al hombre del traje elegante al otro lado de la mesa. Me sentía realmente fuera de lugar.

El rechazo siempre es doloroso, y lo experimentarás ampliamente cuando intentes buscar financiación. Es inevitable. Pero no siempre se manifestará como tú crees. Ningún inversor va a insultarte o a avergonzarte: no les interesa tener fama de cretinos entre los fundadores. Así que te dicen que no de formas mucho peores: haciéndote *ghosting* cuando tratas de contactar con ellos o sonriendo falsamente mientras sacuden la cabeza y responden con exasperantes lugares comunes. Lo peor de todo es cuando te enteras por otra persona de que el inversor al que acabas de presentarte no está interesado en ti. Es como volver a ser un adolescente, intentando reunir el valor necesario para sacar a bailar en una discoteca a alguien que te gusta. Pero tienes que seguir adelante. Cuando aprendas a aceptar el dolor del fracaso, empezarás a darte cuenta de qué partes de tu *pitch* funcionan y cuáles no, y las cambiarás en consecuencia. Y entonces empezarás a tomarle el pulso.

Pese a mis agonías iniciales, después de unos cuantos años lo hacía realmente bien. Ahora imparto talleres para conseguir que los fundadores crean no solo que pueden conseguir dinero, sino que pueden hacerlo en sus propios términos. Los aconsejo a lo largo del proceso, los asesoro sobre sus presentaciones y los entreno para que alcancen un estado mental en el que se sientan con plena confianza.

Estas son algunas de las cosas que les digo y que yo mismo he descubierto por ensayo y error a lo largo de una década.

Lo primero es analizar por qué te intimida tanto la gente rica, la que podría ayudarte a financiar tu empresa y a crear la vida de tus sueños. La respuesta está en la pregunta. La búsqueda de financiación intimida porque hay mucho en juego y quieres triunfar a toda costa. Así que debes analizar por qué te parece tan intimidante hasta que deje de serlo. Y eso se hace deconstruyendo tu ansiedad, lo que te proporciona una base sólida sobre la que levantar la confianza en ti mismo.

Prepárate

Como ocurre con cualquier reto al que no te hayas enfrentado antes, el primer paso es asegurarte de que tienes todo lo que necesitas. Me refiero a entender el proceso, las cuestiones legales y las mejores prácticas financieras. Es muy poco probable que ya tengas los conocimientos prácticos necesarios para conseguir dinero en cualquier parte del mundo en la que estés. Habrá normas y ventajas locales que tendrás que aprender, como las exenciones fiscales para los inversores. Encontrar buenos contables y abogados locales te ahorrará mucho tiempo y te garantizará que estés creando tu empresa correctamente desde el punto de vista legal. Si aún no conoces a buenos contables y abogados (yo no los conocía), pide a alguien en quien confíes una recomendación personal. Si hay una empresa que admiras y que va unos pasos por delante de ti, pregúntales con quiénes trabajan.

Costará dinero, pero tener un acuerdo de accionistas (que contenga tus estatutos y explique las normas y procesos legales dentro de los que opera tu empresa) es uno de los factores de higiene (el umbral mínimo de calidad) en los que insisten los inversores para tener la tranquilidad de que operas de forma adulta. Puede parecer exagerado, pero es mucho mejor tener estas cosas en orden desde el principio, ya que te protegerán más adelante. Sobre todo porque ahora puedes determinar exactamente lo que contienen. Con el tiempo, los mayores inversores querrán opinar sobre cómo cambiarlos. Además, puede que no cuesten tanto como crees. Los abogados y los contables son muy conscientes de que si eres un fundador convincente y tienes una buena idea podrías pagarles durante años. A lo largo de todo el tiempo que dirigí Unbound mantuvimos los mismos contables y abogados. Se convirtieron en asesores de confianza y amigos. Saber que contaba con su apoyo hacía que fuera mucho más fácil entrar en una sala con inversores.

Cambia tu forma de pensar

Te han condicionado a ser servil con la gente rica. Échales la culpa si quieres a los cuentos de hadas con reyes, reinas, príncipes y princesas. Échale la culpa a la familia real. Échale la culpa a quien quieras, pero esta es la razón por la que vivimos en un mundo donde los ricos se hacen más ricos, y los pobres, más pobres. Los que no somos ricos nos sentimos inferiores a ellos de una forma que no podemos verbalizar, pero que tenemos impresa en la médula. Debe ser por eso, o de lo contrario ya habríamos irrumpido con horcas en sus casas. El resultado de la inferioridad que has absorbido por ósmosis en la cultura en la que has crecido es que, cuando ves a alguien rico, intuitivamente crees que es mejor que tú porque piensas que su dinero demuestra que, de algún modo, se lo merece.

Pues bien, esto es lo que aprendí: no lo son. Y tampoco es eso lo que piensan de sí mismas las personas ricas que yo he conocido. Además, la mayoría ellas no han ganado su dinero por méritos propios. O si lo han hecho, ha sido gracias a las ventajas y oportunidades que sus adineradas familias les han procurado, como una educación exclusiva o contactos que les facilitaran invertir en cosas evidentes como propiedades.

Si lo analizas, aunque sea muy por encima, llegas a la conclusión de que la riqueza es un valor nefasto en el que basar tu admiración por alguien. Es demasiado fácil incrementar la riqueza por medios ilegales o si un familiar te da una buena cantidad para empezar. El hecho de que tanto los delincuentes como los legítimamente ricos utilicen los mismos paraísos fiscales y estructuras legales para ocultar y almacenar su riqueza te dice todo lo que necesitas saber sobre lo admirable que es en realidad la acumulación de riqueza. El mundo en que vivimos está muy lejos de ser una meritocracia. No digo esto para que vayas a buscar una horca, sino para que comprendas que los inversores solo te interesan porque tienen el dinero que necesitas para hacer realidad tu visión. Es una relación puramente funcional. No los admires. No creas que necesitas su aprobación. Ellos tienen algo que tú necesitas, eso es todo. Y tú tienes algo que ellos necesitan: entusiasmo y una oportunidad de hacerles ganar más dinero. Puede que no lo parezca, pero tu deseo y determinación de dedicar tu vida a crear un negocio a partir de la nada es en realidad un bien mucho más escaso que el dinero que ellos podrían invertir.

La otra cosa de la que me di cuenta sobre los inversores es que la mayoría de las veces son ellos quienes se sienten intimidados por ti. Hay una gran cita de Samuel Johnson que dice: «Todo hombre se siente mezquino por no haber sido soldado». Aunque el sentimiento puede estar desfasado, la mayoría de las personas sienten que tienen la responsabilidad de proteger y mantener a quienes les rodean, y descubrí que esta cita podría reformularse por lo que se refiere a los inversores: «La mayoría de los inversores se sienten mezquinos por no ser emprendedores». Les encantaría pensar que se hicieron ricos exclusivamente gracias a sus propios esfuerzos como intrépidos emprendedores, pero saben que nunca serían capaces de hacerlo. Ellos no podrían con el estrés de jugarse su reputación en una casa de apuestas como haces tú. Por eso se sienten intimidados por ti. Ahora bien, esto no significa que tu empresa vaya a triunfar, pero sí que estás dispuesto a hacer algo que ellos no se atreven a hacer, y te admirarán por ello. Hay una excepción inevitable: cuando consigues inversiones de emprendedores de éxito que han hecho lo que tú vas a hacer. Estos son los mejores inversores de todos, aunque son los que más te exigirán.

Enfréntate a tus miedos

En retrospectiva, lo que me hacía morderme las uñas en las primeras reuniones con inversores no tenía nada que ver con las personas con las que me reunía. Era puro miedo. Tenía tanto miedo a no conseguir dinero que no conseguía centrarme en la reunión en sí. Identifiqué este problema muy rápidamente y, con los años, desarrollé estrategias para neutralizarlo. Mi verdadero avance se produjo cuando por fin descubrí lo que realmente me daba miedo: defraudar a Isobel, mi pareja. Así que miré a través de mi miedo y me armé de valor para hablarlo con ella. Aquella conversación funcionó tan bien que cada vez que salía a buscar financiación teníamos una similar. Aquellas conversaciones eran más o menos así:

DAN: Cariño, voy a buscar financiación otra vez.

ISOBEL: Ah, de acuerdo.

DAN: Y si no lo consigo, el negocio fracasará.

ISOBEL: ¿Así que perderás tu trabajo?
(Dan asiente.)

ISOBEL: ¿Qué haríamos entonces?

DAN: Bueno, tenemos dinero suficiente para unos meses, pero tendríamos que vender la casa porque no podríamos pagar la hipoteca.

ISOBEL: ¿Así que tendríamos que mudarnos fuera de Londres?

DAN: Sí.

ISOBEL: ¿Y tendríamos que ir a un sitio más barato, más cerca de nuestros padres, quizá?

DAN: *Sip.*

ISOBEL: Así que los veríamos más a menudo. A nuestros padres. Y tendríamos más espacio. ¿Y nos podrían ayudar más con los niños?

DAN: Sí, sí, supongo que sí.

ISOBEL: Y no estarías tan estresado todo el tiempo. ¿Y los niños y yo te veríamos mucho más que ahora?

DAN: Eh, sí. Eso también es verdad.

ISOBEL: Y si no estuvieras todo el tiempo pensando en el negocio y trabajando, yo podría volver a estudiar, cosa que de verdad quiero hacer.

DAN: Podrías. La verdad es que te lo mereces.

ISOBEL: ¿Y podrías volver a escribir?

DAN: ¡Vaya! Sí. Y podría cuidar de los niños unos días a la semana. Los echo de menos. ¿Y tal vez podría dar clases?

ISOBEL: Eso se te daría muy bien.

DAN: ¿Tú crees?

ISOBEL: No suena tan mal, de hecho suena bastante bien.

DAN: Vaya. Suena realmente bien, ¿eh?

La conversación siempre acababa en un punto en el que no solo habíamos abordado un tema delicado —mi posible fracaso a la hora de encontrar financiación—, sino que incluso íbamos más allá para definir una nueva vida en el caso de que se cumplieran mis mayores temores. Y no solo una vida diferente, sino la vida que realmente queríamos. Esto es lo que tienes que hacer siempre que el miedo se apodere de ti. Obsérvalo fijamente. Atraviésalo con tu mirada. No seas catastrofista, piensa solo de forma práctica en lo que harías si ocurriese aquello que tanto temes que ocurra. Tu reacción te sorprenderá. Y te prometo que descubrirás algo hermoso al final del ejercicio. Eso es porque el miedo se desintegra cuando te enfrentas a él.

Pero volviendo a la búsqueda de financiación, verbalizar tus miedos más profundos ante la persona a la que más temes defraudar significa que, cuando sales en busca de financiación, la perspectiva del fracaso ya no te asusta. Por supuesto, hay otras cuestiones a tener en cuenta, como los salarios del equipo y los intereses de los accionistas y de los clientes. Pero no puedes acarrear con el peso de todo eso como algo personal cuando tu empresa está económicamente al límite o te derrumbarás en cinco minutos, con lo que habrá muchas más probabilidades de defraudar a esas personas.

Después de mis conversaciones con Isobel, llegaba a todas las reuniones de inversión completamente en paz con la perspectiva de fracasar, así que me sentía a prueba de balas en esas reuniones. No es que no me importara no conseguir el dinero, es que no tenía miedo de no conseguirlo. Y gracias a ello, desprendía lo único que buscan desesperadamente los inversores: una confianza absoluta. Sin miedo, sentía que podía conseguir dinero de cualquiera. Lo cual no está mal. El olor del miedo repele a los inversores, así que tienes que deshacerte del tuyo.

Conoce a fondo tu plataforma de inversión

Este es un tema tan importante que todo el apartado debería ir en mayúsculas. Debes conocer tu *pitch* de memoria, y con ello me refiero a tu visión y a tu historia. Tienes que ser capaz de explayarte en un ascensor con un inversor al que acabas de conocer sin tu espléndido PowerPoint. Tienes que pulir tu historia tan perfectamente que puedas contarla en una cena a la que no tenías ni idea de que te iban a invitar, para poder levantarte y pedir dinero entre plato y plato, como me pasó a mí una vez. Tienes que estar tan familiarizado con tu *pitch* que no suene como un *pitch*, sino como la mejor historia de inversión que jamás hayan oído. Ahora bien, para que puedas hacerlo debe ser simple. El problema que tú vas a resolver tiene que valer mucho dinero y ser evidentemente cierto. Y tiene que ser creíble que estás perfectamente capacitado para llevar a cabo la solución que propones. Tienes que ser capaz de articular cómo resolverá tu empresa el problema, porque tus cofundadores, tu equipo y tú sabéis lo que hay que hacer. Tienes que explicar contra quién compites, cuánto te costará hacerlo, cuánta financiación necesitas para hacerlo y cuánto podría ganar un inversor con tu triunfo, además de tener pensado ya quién te comprará.

Yo solía practicar mi *pitch* en el coche tan a menudo que adquirí una especie de memoria de voz que me permitía seguir hablando cuando mi cerebro olvidaba lo que tenía que decir. Eso pasa de verdad, en serio. Si practicas tu *pitch* lo suficiente, acaba almacenándose de algún modo en tu garganta. Es extraño. Pero es INCREÍBLE y, de nuevo, te ayuda a sentirte cómodo. Te permite confiar en ti mismo, aprender a observar al público y hacer bromas. Me acabó encantando todo el proceso. Demasiado, para ser sincero. ¿Te imaginas lo que es entrar en una sala con una idea y convencer a los presentes de que te den millones de euros para que salgas a hacerla realidad? Es una locura. Es la mejor sensación del mundo. Lo hice una y otra vez. Te conviertes en una especie de cómico que gana dinero además de risas. Es muy adictivo.

Ronda de amigos y familiares

Aquí es donde comienzas a buscar la mayor parte de la financiación. Primero recurres a tus redes y a las de tus cofundadores para recaudar una pequeña cantidad de dinero que os permita poneros en marcha. Mis amigos y familiares no es que tuvieran los bolsillos tan llenos como para invertir en Unbound, pero los de John y Justin sí. Así que me pusieron en contacto con sus amigos, que los conocían y creían en ellos por su trayectoria en el mundo editorial. Yo no era muy conocido, aunque también era un autor superventas y mi sitio web había sido premiado, así que teníamos experiencia en el sector y formábamos un gran equipo. Y sin darme cuenta, estaba mejorando mucho como vendedor porque me sabía mi historia al dedillo. También nos beneficiamos enormemente de ser una plataforma de *crowdfunding*. Kickstarter había tenido tal impacto que muchos inversores estaban buscando de forma activa a alguien que hiciera algo similar. Nunca consideramos a Kickstarter como una competencia, sino más bien como el faro que nos guiaba. Fuimos a verlos a Nueva York un par de veces y recibimos un asesoramiento increíblemente generoso. Así que no te desanimes si ya existe una competencia mayor que tú. Piensa que tienes alguien de quien aprender, que puede orientarte.

Ronda semilla / Ángeles inversores

Aquí es donde empieza la diversión. El tipo de gente que invierte en empresas relativamente arriesgadas como tu nuevo negocio tiende a moverse en grupos. Así que una vez que te presenten a un inversor, este te presentará a otros. Y alguna de esas personas estará a su vez en otro grupo de inversión, te lo presentará, y así sucesivamente. A veces son organizaciones oficiales de ángeles inversores. Otras veces son simplemente acuerdos *ad hoc* entre amigos, que consisten en un grupo de personas con experiencia en distintos sectores que siguen a un amigo que entiende y que ha invertido en el tuyo. Si tuviera que circunscribirlos a un grupo demográfico, los que conocí eran en un 95 % hombres blancos de entre 40 y 75 años. Puede que sea inusual, pero lo dudo. En su mayoría eran abogados, banqueros, gente del sector de la tecnología, algunos médicos y dentistas y un puñado de emprendedores. Eran personas que ya tenían todo el dinero que necesitaban, con un montón de inversiones «seguras» en valores y acciones, propiedades, etc. Pero todos ellos disponían de una cantidad de dinero «relativamente» pequeña (entre 10.000 y 500.000 euros) para invertir en *startups* de alto riesgo pero con un rendimiento potencialmente alto. Esto significa que su umbral de riesgo es mucho más alto contigo que con otras inversiones que pudieran hacer.

No se están jugando la matrícula escolar de sus hijos invirtiendo en ti. Están jugando contigo. No lo digo en sentido negativo. Quiero decir que, aunque lo que está en juego es enormemente importante para ti, son bastante optimistas y buscan algo que despierte su interés y que en un futuro podría hacerles mucho más ricos. Algunos solo quieren ayudar.

Una vez un inversor me dijo que Unbound siempre podría conseguir dinero porque superaba la «prueba de la cena». Yo no tenía ni idea de qué significaba eso, así que me explicaron que la gente rica que ha ganado mucho dinero haciendo cosas que con el paso de los años se han vuelto aburridas, cuando va a una cena de amigos quiere tener algo de lo que hablar para que su vida parezca más interesante. Nunca he estado en una de esas cenas, así que no sé si es cierto o no, pero lo que puedo decir es que los inversores que conocí estaban extraordinariamente interesados en lo que hacíamos más allá de nuestro progreso financiero. Para ellos era casi como vivir otra vida virtual a través de la emoción de nuestro crecimiento y de los libros que publicábamos. Sí, esperaban obtener grandes beneficios, que yo tenía la intención de proporcionarles, pero a lo largo de los años fueron muy leales y serviciales conmigo. La relación con algunos de ellos era puramente transaccional. Otros me ayudaban económicamente cada vez que los llamaba. Unos pocos se convirtieron en amigos. Quedaba regularmente con algunos inversores para desayunar o para comer y obtener apoyo e ideas. Tuve la sensación de que había quienes me tomaban como sustituto del típico pariente lejano interesante y con labia, y también les gustaba estar al tanto de una empresa que acaparaba titulares. Sé que a menudo los irritaba, pero eran muy tolerantes y se transformaron en un importante círculo de apoyo social, ya que hablaban de nosotros a sus conocidos y nos consiguieron contactos muy útiles que aportaron un inmenso valor a la empresa.

Capital riesgo

Los capitales riesgo respaldan a los fundadores que tienen ideas innovadoras y grandes ambiciones comprando participaciones en sus empresas, lo cual supone un riesgo demasiado alto para las fuentes de financiación convencionales como los bancos, que solo conceden préstamos a empresas que tienen un historial, que ya son rentables o que cuentan con algún tipo de garantía para asegurar cualquier préstamo. John, Justin y yo no disponíamos del dinero necesario para construir y hacer crecer la plataforma por nuestra cuenta, así que, una vez que demostramos que autores y lectores estaban interesados en Unbound, acudimos a inversores de fondos de capital riesgo para que nos ayudaran a financiar nuestros planes de crecimiento.

Los inversores de riesgo tienen fama de ser despiadados, y muchos fundadores cuentan historias escalofriantes acerca de sus experiencias a la hora de recibir una inversión de capital riesgo, pero los que yo conocí fueron muy directos, nos apoyaron y siempre tenían muy claro cómo debíamos ser y qué debíamos lograr para que nos proporcionaran su dinero.

Una cosa a la que hay que prestar atención es la forma en que las sociedades de capital riesgo inflan el valor de tu empresa para ponerte fuera del alcance de otros inversores. Puedes pensar que es genial que te valoren en un millón de euros cuando apenas tienes ingresos, y así es si solo necesitas ese tramo de inversión. Pero para una empresa en fase inicial, conseguir una valoración que nunca conseguiría en el mundo real te pone fuera del alcance del mundo real al que tendrás que volver en un futuro si en algún momento quieres vender la empresa o conseguir dinero de una forma más convencional. Así que hay que ser muy cuidadoso a la hora de recibir una inversión de capital riesgo. Además, eso les da más control de lo que crees sobre el rumbo que tomas, independientemente de la hoja de condiciones (es decir, las condiciones de su inversión). Esto se debe a que el hecho de que un inversor de riesgo que ha invertido en ti no lo siga haciendo sucesivamente es una señal de alarma para todos los demás inversores, que supondrán que estás de capa caída al ver que tu inversor actual, que es quien mejor te conoce, ya no te respalda económicamente; esto les da mucho poder sobre tu estrategia, seas o no consciente de ello. Y puede que a sus ojos estés «de capa caída» simplemente porque al final no te has convertido en el nuevo Facebook. Incluso si has creado una empresa útil y valiosa que podría valer diez millones de euros algún día, preferirían que quiebres persiguiendo una valoración de mil millones, lo que les reportaría quinientos millones, que venderte por diez millones y ganar solo cinco. Es obvio que esto supone un grave problema si tú estás dispuesto a vender por diez millones, pero no puedes hacerlo porque en la comunidad inversora no quieren ni tocarte porque tu actual inversor cree que estás decayendo y que te quedarás sin liquidez antes de poder vender.

Puede que te preguntes por qué iba a hacer eso un inversor de riesgo, y la respuesta es que una de cada cien empresas financiadas con capital riesgo (en el momento de escribir este libro, un ejemplo sería Figma) tiene tanto éxito a ojos de un competidor (en este caso, Adobe), que este está dispuesto a pagar una cantidad exagerada (veinte mil millones de dólares) por el valor estratégico de poseerla. No sé cuánto ganaron las empresas de capital riesgo Index y Sequoia con esta operación, pero no me sorprendería que hubieran multiplicado por cien su inversión original. Lo que tienes que recordar es que las empresas de capital riesgo esperan que el 80 % de sus inversiones fracasen. Aunque su trato sea perfectamente amable y agradable, esta es su realidad. No están tan implicados emocionalmente en tu empresa como tú. No tienen ningún problema en abandonarte en el momento en que pierdan el interés. Saben que el 20 % de las apuestas que hagan les saldrán tan bien que el dinero que pierdan en las demás es irrelevante. Ahora bien, si miramos esta proporción desde otro punto de vista, podríamos decir que su modelo de negocio mata al 80 % de las empresas en las que invierten, pero esa es otra historia...

La búsqueda de financiación no es un fin en sí mismo

Por último, y lo más importante, no pierdas de vista el verdadero motivo por el que buscas financiación. Cuando salía en busca de inversores, poco a poco me fui dando cuenta de que, en realidad, en un mundo ideal no los necesitaría porque seríamos rentables. Esto es algo que nunca adivinarías a juzgar por los eventos y la actitud que predomina en gran parte del mundo de las *startups*, que prioriza el incremento de la facturación por encima de todo lo demás. Quizá sea porque la comunidad de capital riesgo paga muchos de estos eventos. Siempre me ha sorprendido la cantidad de pantallas en las que he visto aparecer inversores de riesgo en el escenario debatiendo en mesas redondas sobre lo que buscaban. Como si fueran ellos los que generan el éxito, en lugar de los propios emprendedores. A causa de esto, muchos emprendedores son esclavos de las últimas declaraciones de los pseudosabios inversores de riesgo, que presumen con orgullo de haber invertido en empresas que ahora son muy conocidas. No hablan de ese 80 % de sus inversiones que fracasaron. Por supuesto, los inversores de riesgo también arriesgan su reputación en la casa de apuestas, aunque no de la misma manera que tú. Para empezar, han diversificado su «riesgo reputacional» invirtiendo el dinero de otras personas. No se juegan nada parecido a lo que tú te juegas. Y hacen cincuenta veces más apuestas que tú.

Lo que observé cuando dirigía Unbound fue que, durante los primeros años, tanto yo como otros emprendedores de empresas en fase inicial nos centrábamos en conseguir fondos de capital riesgo, como si eso por sí mismo nos hiciera cruzar el primer umbral del «éxito». No eras un emprendedor «de verdad» hasta que no tenías el respaldo de un capital riesgo. Cinco años después, mis compañeros emprendedores se centraron en el verdadero objetivo: la rentabilidad, que todos pasamos a reconocer entonces como el verdadero punto de referencia del éxito.

4
Las ventas

Una cosa de la que te das cuenta al buscar financiación es que tienes un cargo más aparte de los otros: jefe de ventas. La buena noticia es que, si has conseguido que te financien, debes de estar haciéndolo bien. Habrás perfeccionado tu *pitch* ante los inversores y ahora puedes utilizarlo para generar ingresos desplegando tu nueva habilidad entre los clientes, el personal y los medios de comunicación.

Igual que tu visión genuina es aquello en lo que confías internamente para mantenerte motivado y centrado, aprender a vender los beneficios de tu negocio a las personas que harán que funcione económicamente es la práctica diaria que debes ofrecer al mundo exterior. Tienes que generar ingresos para lograr la sostenibilidad financiera. Sí, puedes fijarte en los costes y recortarlos si es necesario para equilibrar las cuentas, pero si quieres impulsar de verdad el crecimiento necesario para ser rentable, entonces tienes que encontrar formas de aumentar tus ventas. Para mí esto es un reto creativo. ¿Cómo presentar lo que haces a las personas que más pueden beneficiarse de ello? ¿Cómo convencerlas de que utilicen tu servicio o producto? ¿Cómo posicionar el negocio para demostrar que puedes ofrecerlo? ¿Cómo cerrar los tratos que realmente tendrán impacto?

Empieza donde están realmente tus clientes, no donde te gustaría que estuvieran

Antes de que Unbound necesitara su propia oficina, estuve buscando un espacio de trabajo que pudiera utilizar algunos días a la semana y me encontré con un nuevo local de *coworking* cerca de donde vivía. Empecé a hablar con el propietario y descubrí que no quería ofrecer suscripciones mensuales por un escritorio determinado, sino que quería que la gente pagara una tarifa por hora o por día por utilizar una mesa de forma puntual, para que no se sintieran atrapados en un contrato de larga duración. Era un lugar estupendo. Bien situado. Y él tenía un carácter muy amable y persuasivo y me invitó a entrar. Una parte de mí solo quería aprovechar para conocerle. Hablamos del estrés de dirigir tu propio negocio. Le pregunté por su modelo de financiación y me explicó que había ideado una fórmula financiera que le haría rentable en doce meses si conseguía alcanzar una determinada proporción entre clientes por hora y clientes por día. Asentí, pero le dije que sus tarifas por hora me parecían elevadas. Yo necesitaba algo regular y más barato. La conversación se volvió tensa. Resultó que yo no era el primero en decirle esto. «Bueno, hazme una oferta para una mesa mensual», me dijo cuando me daba la vuelta para marcharme.

No lo hice. Hablé con otras personas que se sintieron tentadas por aquellas instalaciones, pero que también tuvieron dificultades para ajustarse a sus precios. Todos teníamos días concretos en los que necesitábamos un lugar para trabajar. Ninguno de nosotros quería un espacio *ad hoc* para utilizar durante unas pocas horas. Había cafeterías estupendas que ya ofrecían eso gratis. Sin embargo, comprendía perfectamente su posición como emprendedor. Cuando estás arrancando un nuevo negocio, tienes que hacer previsiones financieras y luego tienes que intentar cumplirlas para ser rentable. Él se enfrentaba al mismo problema que todas las nuevas empresas. Aquello de lo que se había convencido a sí mismo y a sus inversores sobre una hoja de cálculo se daba de bruces con el mundo real. Se había basado en lo que necesitaba para que su negocio funcionara, no en lo que buscaban sus clientes. Ahora bien, no puedes dejarte llevar por el viento de lo que quiere un cliente concreto, pero sí debes tener la humildad de escuchar cuando un número suficiente de ellos cuestiona el modelo de negocio que has establecido. Incluso si eso significa romper tu modelo de negocio y empezar de nuevo. Todas las empresas tienen que hacer esto hasta cierto punto, porque siempre hay un desfase entre el argumento que utilizas para convencerte de algo y la forma en que reacciona el mercado cuando lo pones en marcha. Tendrás que ajustar tu oferta según las ventas reales. No pasa nada. Para eso están las primeras fases del desarrollo empresarial. Para que te adaptes al mercado. Obviamente, lo mejor es hacer esta investigación y desarrollo de antemano, pero ni siquiera eso es infalible. Solo tienes que arrancar y escuchar. Solo cuando dispongas de una oferta sólida podrás empezar a esforzarte por aumentar tus ventas.

A las personas a las que podrás vender con mayor probabilidad los servicios de tu empresa ya las conoces o tienes acceso a ellas. Tu red actual de contactos y las de tus cofundadores y empleados son tu embudo de ventas. A partir de ahí, si quieres alcanzar tus ambiciosas previsiones económicas, necesitas mejorar tu argumento de venta para persuadir más eficazmente a las personas de tu red (en nuestro caso eran autores, y conocíamos a unos cuantos) y, a continuación, ampliar la escala y el alcance de esta red para llenar ese embudo de ventas (nosotros lo hicimos mediante el boca a boca de autores satisfechos, relaciones públicas, reseñas, premios y redes sociales). Al final todo esto no son más que relaciones. Debes tenerlas, fomentarlas y hacerlas crecer. Las ventas son eso. No se trata de vender a puerta fría. Se trata de presentar una oferta adecuada e interesante a personas sobre las que ya has investigado lo suficiente como para estar razonablemente seguro de que les interesará tu propuesta. Y necesitas contactos que te ayuden a amplificar tu mensaje y hacérselo llegar a esas personas. Si has hecho bien los deberes, deberían estar encantadas de tener noticias tuyas.

Piensa a lo grande

Hubo ocasiones en las que decidí apostar por algo mucho más allá de lo que ya estábamos haciendo. Un avance sobre el avance. El crecimiento orgánico es estupendo y requiere mucho trabajo, así que no hay que tomarlo a la ligera. Pero a veces necesitas dar un salto un poco más lejos. No solo en tu propia mente, sino en la de tus empleados y en la forma en que el sector percibe a tu empresa. Nosotros lo hicimos asociándonos con otras empresas. Si tu marca tiene poco capital simbólico, buscar socios es una magnífica forma de obtenerlo rápidamente tomando prestado el de otra. Nosotros trabajamos con Penguin Random House (que se encargó de nuestras ventas en librerías y de la distribución en el Reino Unido y el mercado de exportación durante unos años), Bloomsbury (que utilizó nuestra plataforma para acceder a los superfans de algunos de sus autores) y AMEET (una editorial de Polonia que nos permitió lanzar un libro para superfans de LEGO). Cada acuerdo marcó una diferencia en cómo nos percibían interna y externamente. Cada uno supuso un salto para nuestra ambición e impulsó el aumento de la facturación. Como CEO, depende de ti idear y firmar estos acuerdos, lo cual no significa que tengas que hacerlos solo, pero sí que tienes que imaginártelos primero. Tienes que estar preparado para apuntar a lo grande y exponerte. También se me ocurrió una forma de conseguir que nuestros pedidos anticipados de *crowdfunding* contaran en las listas de libros más vendidos del Reino Unido. Los líderes siempre tienen que mirar hacia delante, imaginar el futuro y luego averiguar cómo hacerlo realidad. Puedes llamarlo estrategia o investigación y desarrollo si quieres, pero al final todo son ventas.

Cómo negociar

Aumentar las ventas y firmar acuerdos requiere negociación, lo que resulta abrumador si no lo has hecho antes. Como pasa con la búsqueda de financiación, para hacerlo bien primero tienes que definir y neutralizar la ansiedad que te produce. Para ello, tienes que averiguar exactamente qué es lo que quieres. Puede que suene obvio: quieres cerrar el trato; pero párate a pensar: ¿qué hace que este acuerdo represente un triunfo para ti? Quizá no se trate solo de dinero. Tal vez sea una cuestión de reputación o de la dinámica del flujo de caja. Repásalo línea por línea. Analiza cómo afectará a tu organización cada aspecto del acuerdo. Conocer y definir de este modo lo que quieres y lo que necesitas te mantiene en una posición fuerte en una negociación, porque puedes marcharte de inmediato si es evidente que no vas a conseguir lo que necesitas.

Si el trato es con una persona conocida —como espero que sea—, aprovecha la relación que tenéis para definir exactamente lo que ella quiere también. Probablemente te darás cuenta de que estás presuponiendo que tienes que negociar en un aspecto en el que, en realidad, no tienes que ceder, y viceversa. Tardé mucho tiempo en darme cuenta de que las negociaciones no son batallas. Son retos creativos para identificar zonas de alineamiento mutuo. Si puedes llegar a un punto en el que ambas partes consigan lo que quieren, no te arrepentirás. Si hay algo que te resulte fácil de hacer y que a la otra parte le suponga una gran diferencia, ofréceselo de inmediato y sin condiciones. Así es como se construye la confianza.

Una de las muchas cosas que aprendí con los pliegos de condiciones de las inversiones de capital riesgo (en ellos se esbozan las bases sobre las que el inversor de riesgo está dispuesto a realizar una inversión y suelen contener restricciones que preferirías no aceptar) y que luego apliqué en todas las negociaciones posteriores, fue no temer nunca hacer preguntas tontas. La diferencia entre lo que alguien dice o pone en un contrato y lo que tú entiendes es siempre donde te la juegan. Y puede parecer contradictorio, pero estar dispuesto a admitir que no sabes lo que significa algo —mostrar vulnerabilidad— en una reunión te convierte automáticamente en la persona más poderosa de esa reunión. ¿Sabes por qué? Porque demuestras a todos que no tienes miedo. (Siempre les he transmitido este principio también a mis nuevos empleados. Es crucial para tu cultura corporativa crear un entorno en el que todo el mundo esté dispuesto a ser sincero sobre lo que sabe y lo que no sabe.)

Si después de una negociación te surge una duda, no preguntes por escrito, ya sea por mensaje o por correo electrónico. Invita a la otra persona a tomar un café o llámala por teléfono. Si lo que no entiendes es perjudicial para tu negocio, lo notarás en la voz de esa persona o en su lenguaje corporal, independientemente de las palabras que utilice.

En cualquier acuerdo, si no tienes prevista una posición de salida, fracasarás. Es inevitable, porque tu desesperación se traslucirá a través de tu cara y de tu lenguaje corporal. Así que averigua cuál es la tuya antes de empezar y, al igual que en la búsqueda de financiación, ensaya cómo te comportarás si ocurre lo que más temes (no llegar a un acuerdo). Piensa en otras opciones creativas que tendrías si no cerraras ese trato. No es que quieras que ocurra, pero debes hacerlo para estar en paz ocurra lo que ocurra. Así tendrás más posibilidades de conseguir cerrarlo.

5
**Desarrollo
personal**

Tu desarrollo personal —el segundo camino, que discurre paralelo al del emprendimiento— es lo que prioriza el despliegue de tus capacidades ante las expectativas que tendrás que cumplir a medida que crezca tu negocio. De todas las lecciones que quiero transmitirte, esta es con mucho la más importante.

La curva de aprendizaje que tienes que recorrer al dirigir una empresa es tal que constantemente tendrás que desafiar tus propias ideas preconcebidas sobre lo que eres capaz de hacer. Cada mes tendrás que hacer algo que nunca habías hecho. Ya sea porque te ponen una demanda y tienes que convertirte al instante en un experto en contratos legales, o porque las cosas van bien y te encuentras con que te invitan a un evento ante cientos de personas, o simplemente porque tienes que enfrentarte a algo que no habías previsto.

Una vez me convocaron con una semana de antelación a una reunión con ejecutivos de alto nivel de una conocida plataforma de mercado *online* en un hotel a las afueras de un aeropuerto del Reino Unido porque Unbound había «intrigado a su CEO». En otra ocasión me presentaron a la hija de un conocido magnate de los medios de comunicación, y unas semanas después estaba con ella en un complejo residencial del centro de Londres charlando sobre Unbound mientras alzaba la mirada para contemplar una obra maestra impresionista desde un sofá con vistas a su piscina. En una conferencia en Alemania me arrastraron a una reunión con un hombre muy respetado que acababa de llegar en un jet privado desde Moscú y quería hablar sobre nuestro uso de la ciencia de datos. Aún tiemblo al recordarlo. Durante los once años que dirigí Unbound, la bandeja de entrada de mi correo electrónico se interponía en mi camino cada día. A veces, las buenas noticias pueden ser tan distractoras como las malas. Lo que hace falta para poder manejar esta incertidumbre es la resiliencia. ¿Cómo desarrollas la resiliencia? En mi caso, esto fue lo que me funcionó.

Deja de beber alcohol (o redúcelo)

Ya lo sé. No es una perspectiva muy atractiva si la bebida forma parte de tu vida social. Sobre todo cuando te pasas el día en el *pub* o te invitan a cenas para entretener a los inversores. Pero esto es, con diferencia, lo mejor que he hecho para aumentar mi resiliencia. No lo hice adrede. Cuando Isobel se quedó embarazada de nuestro hijo Ted, dejé de beber como forma de solidarizarme con su abstinencia, y eso me cambió la vida por completo. Me despertaba cada mañana con una extraña sensación de vigor y energía. Entonces caí en la cuenta de que abandonar este hábito adquirido al final de la adolescencia (beber casi todos los días de la semana y emborracharme con bastante frecuencia), significaba experimentar por primera vez una versión adulta de mí mismo que no ingería sustancias depresivas de forma regular. Me sentía extraordinariamente bien. No me podía creer que hasta los cuarenta años no me hubiera dado cuenta de lo mucho que me había afectado el alcohol. Después volví a beber con moderación, pero mi norma entonces (y ahora) consiste en no beber nunca alcohol como consuelo por algo que ha ido mal ni como recompensa por algo que ha ido bien. Aprendí que el alcohol no puede cargar con el peso de mi estado de ánimo en esas situaciones. En consecuencia, ahora no bebo casi nunca, ya que al final esos eran los momentos en los que me tomaba una cerveza. Mi rendimiento en el trabajo dio un giro cuando dejé de beber. Empecé a verlo todo con más claridad. También me ayudó mucho en mis relaciones personales.

Terapia

Cuando Unbound arrancó, yo llevaba veinte años sin subirme a un avión porque tenía fobia a volar. Además, durante la mayor parte de mi vida adulta había sufrido de una grave ansiedad y ataques de pánico. Nunca había hecho terapia ni había buscado ayuda porque, cuando era joven, el tabú que rodeaba a la salud mental me impedía hablar abiertamente de ello, aparte de que era demasiado caro. Como la mayoría de la gente de mi generación, me automedicaba con alcohol para sobrellevarlo y vivía con limitaciones autoimpuestas para protegerme. Sin embargo, en el día a día de dirigir una empresa estas limitaciones salieron a la luz en seguida. Cuando la empresa contrató un «seguro de persona clave» por valor de un millón de euros por si yo me moría, me di cuenta de que recibir ayuda psicológica sería bueno para mí y rentable para la empresa.

Tuve que probar con diferentes enfoques, pero gracias a un programa de un año de terapia cognitivo-conductual pagado por la empresa, pude volver a volar, justo en el momento perfecto para aceptar invitaciones para dar conferencias y acudir a reuniones por todo el mundo a medida que la empresa crecía. Te puedes hacer una idea de cómo me liberó enfrentarme y superar un miedo tan antiguo y arraigado. Y cómo liberó también a la empresa que yo superara esta fobia y me sintiera más feliz y seguro de mí mismo. También por aquel entonces asistí por primera vez a las DO Lectures. En seguida volveremos a ello.

Y unos años antes de dejar Unbound me tocó la lotería de la salud mental con un retiro terapéutico de una semana llamado Proceso Hoffman, en el que aprendí a dejar atrás las limitaciones que me quedaban. La curiosidad por el autoconocimiento a la que este proceso me condujo me ayudó a ver el camino para dar un paso atrás en la empresa, como veremos al final del libro.

La terapia te ayuda a comprender por qué reaccionas a las cosas que te ocurren de la forma en que lo haces. Esta comprensión te permite detectar y evitar tus comportamientos negativos antes de que se produzcan, lo que te da una enorme ventaja como ejecutivo y te convierte en mejor líder y mejor socio, porque aumenta tu capacidad de empatía y comprensión hacia todos los que te rodean.

Coaching

Hay que tener mucho cuidado con los *coaches*: hay mucho vendehúmos suelto. En mi experiencia, a los mejores *coaches* nunca les falta trabajo y no te dan gato por liebre. Y como hemos visto antes, siempre que sea posible, elige a alguien que haya estado realmente en tu lugar o haya hecho lo que tú necesitas aprender.

Yo trabajé con diferentes *coaches* en diferentes momentos. Con el primero, Hilary Gallo, quedaba a menudo para desayunar y hablábamos de cómo iba el negocio y de cuáles eran mis bloqueos. Se convirtió en *coach* tras una exitosa carrera como abogado de empresa y después dirigió equipos de negociación para Accenture y Capgemini. Hilary me ayudó mucho en el día a día de la empresa, porque tenía un confidente con quien hablar en privado. También me presentó a expertos en las cuestiones prácticas que iban surgiendo y me enseñó a negociar. Como ocurre con los mejores *coaches*, me di cuenta de que siempre que me reunía con él, al final era yo quien más hablaba. Me orientaba y me hacía tomar conciencia de mí mismo y de la empresa.

Al segundo *coach* al que recurrí, Heath Ellis, lo conocí en las DO Lectures. Heath había creado y sacado adelante su propia empresa en EE. UU. y tenía cicatrices en la espalda que lo demostraban. Tenía una forma casi espeluznante de detectar y centrarse en todas las cosas que yo tenía que solucionar para que yo —y por tanto la empresa— funcionara con más eficacia. Las señalaba y se ponía a mi lado, metafóricamente, mientras yo me ocupaba de ellas. Y esas cosas a las que tenía miedo de enfrentarme nunca fueron tan aterradoras como imaginaba. Pude salir de Unbound manteniendo la cordura intacta en gran medida gracias a ellos dos.

Naturaleza

Para mí, la verdadera resiliencia consiste en vivir la vida que quieres vivir. Puedes enfrentarte a cualquier cosa cuando has descubierto cómo ser tú mismo sin pedir disculpas. Hay lugares donde realmente siento que mi salud mental se recarga en tiempo real: el bosque, las montañas y el mar. Empecé a comprender que darme tiempo y espacio para estar en estos lugares era bueno para el negocio porque eran buenos para mí. Cuidar de uno mismo no es ser egoísta. No hay virtud en el sufrimiento. Si eres tú quien dirige el negocio, entonces tu salud mental es una de las cosas de las que depende el éxito o el fracaso del negocio. Y nadie más va a cuidar de ti, así que ponla arriba en tu lista de responsabilidades.

Curiosidad

En tu desarrollo como emprendedor, una vez que hayas superado la fase de «¿Realmente puedo hacerlo?» te encontrarás en la de «Estoy haciendo esto, ¿cómo puedo hacerlo de otra manera?». La terapia y la autoconfianza que generó en mí despertaron mi curiosidad por las empresas. Empecé a buscar personas que dirigieran empresas y tuvieran valores similares a los míos. Como ya he mencionado, uno de los lugares que realmente me dio un empujón en ese sentido fueron las DO Lectures, a las que me invitaron como ponente en 2015. Había observado y admirado el progreso de David y Clare Hieatt, que fundaron Howies (otra de mis marcas favoritas de ropa), Hiut Denim y las DO Lectures, y había aprendido mucho de cómo dirigían sus empresas, pero nada podría haberme preparado para el cambio que supuso para mí aquel largo fin de semana en Cardigan. Las DO Lectures se convirtieron para mí una comunidad de emprendedores con ideas afines a las mías de la que me sentía orgulloso de formar parte y siempre la tomaba como modelo. Es muy importante encontrar personas que estén alineadas con tus valores. Especialmente en el mundo de los negocios, donde predomina la pose de machote. Todo forma parte de cómo aprendes a redefinir el sentido de lo que significa para ti dedicarte a los negocios. Esto te permite crecer a la vez que lo hace tu negocio. En aquellos cuatro días en Cardigan fue cuando empecé a creer que no tenía que ser lo que creía que los demás necesitaban que fuera. Simplemente podía ser yo mismo. Todavía me resulta increíble haber podido escribir este libro para la editorial Do Book.

Salud física

Cuando llevaba unos años en el negocio empecé a correr porque había leído en algún sitio que era bueno para la salud mental. Al cabo de un tiempo me desinstalé la aplicación que registraba mi distancia y mis tiempos y comencé a correr solo por gusto. También dejé de escuchar música mientras corría: en lugar de eso, iba dando vueltas a los asuntos del trabajo. No entiendo la ciencia detrás de esto, pero supongo que tiene que ver con que el cuerpo está ocupado en moverse, unido al aumento del flujo sanguíneo al cerebro; el caso es que es una estrategia eficaz para resolver problemas. Siempre terminaba encontrando la forma de resolver cualquier problema que me preocupaba si corría el tiempo suficiente. Cuando las cosas se ponían muy difíciles, corría los once kilómetros que había desde la oficina hasta casa. Siempre daba con la tecla, o al menos encontraba una forma de avanzar. Correr se convirtió en un hábito. Dejar el alcohol y empezar a correr hicieron que mi salud mental —y mi capacidad para afrontar todo lo que me deparara el negocio— fuera más fuerte que nunca, y menos mal, porque, sin que lo supiéramos, el impacto del Brexit y la pandemia de COVID-19 se cernían en el horizonte.

Amor, no miedo

Cuando tenía catorce años me rompí el brazo saltando una rampa en monopatín. Me asustaba la velocidad que había que alcanzar para poder dar el salto. El miedo me frenó y mi cuerpo se quebró. Aquella experiencia me enseñó que cuando te decides a hacer algo, tienes que ir a fondo. Y en el centro de ese sentimiento subyace una regla sencilla: si actúas desde el amor y no desde el miedo, nunca te equivocarás. Comprométete con lo que haces. No dejes que el temor a lo que pueda ocurrir te paralice. Hazlo con amor.

Esto es algo que aprendí gracias a haber superado una fobia tan arraigada, a haber descubierto cómo neutralizar mis miedos durante la búsqueda de financiación y a la terapia y el *coaching*: las decisiones que se toman desde el amor siempre salen mejor que las que se toman desde el miedo. Recibí muchas críticas al respecto, ya que resulta ser un concepto poco común en el mundo de los negocios, donde el miedo parece dominar las acciones de todo el mundo. El miedo al futuro, el miedo a lo desconocido, el miedo a tomar una decisión equivocada, el miedo al fracaso, el miedo a la humillación y el mayor miedo de todos: el de perder tu reputación. Todo ello provoca constantes tropiezos a las empresas, porque se centran más en lo que va mal que en hacer lo necesario para que vayan bien. No digo que haya que ser arrogante e ignorar los problemas. Por supuesto, hay que estar preparado. Pero cuando lo estés y hayas investigado todo lo posible, persigue lo que quieres con todo lo que tienes. Puede que fracases. Pero mientras no sea por falta de compromiso, siempre aprenderás algo y será más probable que te salga bien a la siguiente.

En mi caso, la práctica de «ir en busca de lo que quieres» me hizo mental y físicamente incapaz de rendirme. No me importaba lo feas que se pusieran las cosas, siempre creía que era posible encontrar una solución creativa. Y resulta que no rendirse nunca es un factor muy importante del éxito empresarial. Tengo un amigo que es un reconocido fotógrafo de moda. Cuando le pregunté cómo lo había conseguido, me dijo: «Soy el único que se mantuvo. Los demás se rindieron». Por supuesto que es un fotógrafo brillante, pero ha alcanzado la cima de su profesión porque es brillante y porque *además* nunca se ha rendido. Para un emprendedor es genial darse cuenta de esto, porque lo que ocurre a tu alrededor y las condiciones empresariales a las que te enfrentas están fuera de tu control, pero no rendirse depende solo de ti.

6
**Liderazgo
y poder**

Como hemos visto, liderar una empresa supone responsabilizarte de la forma en que esta se comporta y además dedicarte a tu propio crecimiento personal. El poder es un poco más difícil de precisar, pero sus peligros ya se han analizado bastante en nuestra cultura.

Ya sabemos que el poder es algo peligroso. Y aunque puede que pienses que dirigir una empresa y ejercer el poder sobre tus empleados y tus clientes no entraña los mismos riesgos para ti que para los dirigentes políticos de tu país o los personajes de *El Señor de los Anillos* de Tolkien, todo tipo de poder conlleva exactamente los mismos riesgos para cualquiera que lo ostente. No hay más que ver al hombre que grita improperios a su perro en el parque.

Por grande o pequeña que sea tu organización, tener poder es una droga. Y, en mi opinión, no deberías utilizar el poder muy a menudo porque, como cualquier droga, amplifica todos tus defectos. Para mí, el poder más eficaz consiste en que se vea que lo ostentas, pero sin tener que llegar a ejercerlo muy a menudo. Es un equilibrio difícil, porque si lo sueltas demasiado, se crea un vacío que otras personas a tu alrededor sienten que tienen que llenar. Como cofundador, podía soltarme más que los demás manteniendo una sensación de poder debido a la autoridad moral que me otorgaba mi rol de creador de la empresa. Sin embargo, muy pronto aprendí que si te impones sin una lógica clara y coherente, la gente te rechaza de forma instintiva. Y si alguna vez te encuentras forzando una decisión en contra de los deseos del equipo y argumentando que «tú eres el jefe», entonces se pondrá de manifiesto tu debilidad y te perderán el respeto.

Pero lo paradójico es que como en realidad *eres* el jefe, todo lo que va mal en la empresa es culpa tuya. Ya sea porque dejaste que ocurriera, no te diste cuenta de que ocurría o no pusiste los medios para evitar que ocurriera. Por esta razón tienes permiso para hacer valer tu rango y decir que estás eligiendo una línea de acción con la que otros no están de acuerdo, pero dejando muy claro que lo haces porque tienes que asumir la responsabilidad de todas las decisiones que toma la empresa. Yo tuve que actuar así a menudo, y lo que transmití al equipo en todos los casos fue: «Sé que algunos de vosotros no estáis de acuerdo conmigo, pero creo que es lo que hay que hacer y, como es a mí a quien van a despedir por meter la pata, espero que entendáis que me tengo que basar en mi propio criterio». O algo por el estilo.

Todos lo entienden cuando les muestras lo que está en juego. La clave está en comunicar lo que piensas. Tómate el tiempo necesario para explicar las líneas de actuación controvertidas. Escucha a la gente. Lleva más tiempo y puede ser frustrante, pero es mejor que forzar las cosas. Si alguien consigue hacerte cambiar de opinión, demuéstralo también. Resulta increíblemente poderoso que vean en ti un jefe lo suficientemente seguro de sí mismo como para admitir que otra persona puede tener una idea mejor. Y habrá veces en que no sepas qué hacer o cómo hacer algo. Entonces tendrás que decidir si incluyes al equipo en tu toma de decisiones. A este respecto, hay dos historias que me vienen a la cabeza por motivos diferentes.

La primera vez fue cuando nos mudamos de oficina. Llevábamos funcionando unos cinco años, y yo tenía mucho interés en que todo el mundo participara en el proceso. Muchos de nosotros fuimos a ver cada opción, hice una encuesta entre los empleados sobre la mejor ubicación e invertí mucho tiempo en intentar que fuera una decisión democrática. Intentaba ser un buen jefe y no acaparar el poder. Pero hacia el final de la búsqueda, el responsable de recursos humanos, que era una de esas personas que mantienen unida a la empresa, me llevó a un lado y me dijo: «¿Quieres elegir una de una maldita vez? Nos está volviendo locos a todos». Fue una gran lección.

La segunda vez fue cuando llegó la pandemia y, al igual que en muchas empresas, la facturación disminuyó y tuvimos que reducir la semana laboral a cuatro días. No había elección, pero sabía que la noticia asustaría al equipo. Así que en lugar de imponerlo utilizando mi autoridad como CEO y dejar que su miedo se expandiera hacia lo desconocido por no ser transparente, optamos por hacer previsiones para los dos escenarios: uno en el que no adoptáramos la semana de cuatro días y otro en el que sí lo hiciéramos, y luego les presentamos ambos al equipo directivo. Era bastante obvio lo que teníamos que hacer, y se trataba de una decisión importante que, según el viejo manual del poder, yo simplemente tenía que ejecutar manteniéndome fuerte e inflexible, pero lo mejor que pude haber hecho fue conseguir que ellos mismos tomaran la decisión. Eran inteligentes y apreciaban que se les tratara como adultos. También era la única opción realista, porque no se puede cambiar el contrato de trabajo de alguien sin su permiso. Como parte del proceso y a raíz de la conversación con el equipo directivo, decidimos de forma conjunta excluir de la semana de cuatro días a los empleados con el salario más bajo, para quienes un recorte salarial del 20 % habría tenido un impacto desproporcionadamente negativo. Para compensarlo, a todos los fundadores se nos aplicaron recortes mayores. La pandemia fue dura, pero la superamos juntos. La otra razón por la que conseguimos que saliera bien fue nuestra cultura corporativa, a la que nos referiremos dentro de un momento.

Pero ¿cómo sabes si estás abusando de tu poder porque se te está subiendo a la cabeza? Por el miedo. Es muy fácil que tropieces cuando tienes miedo, porque cuando estás bajo presión, cuando temes algo, es cuando el poder se impone en tu psique y echa mano del manual obsoleto de las claves del éxito. A esta mentalidad yo la denomino «mi señor feudal interior».

Tu «señor feudal interior» ve el poder de una forma muy distinta a la que debes adoptar para obtener los resultados que deseas. Él considera de su propiedad a las personas que tiene a su cargo, porque les paga, y quiere poder verlas y controlarlas en todo momento. Quiere que su personal trabaje más y mejor sin pagarles más porque «ya pueden dar gracias de tener un trabajo». En las malas rachas siempre surge esta mentalidad. Creo que se debe a que durante mucho tiempo las empresas funcionaron así, y la mayoría de las personas que ahora ocupan puestos directivos tuvieron que acatarlo para escalar profesionalmente, por lo que les cuesta mucho cambiar de perspectiva. Pero las investigaciones que se han realizado sobre el lugar de trabajo demuestran que no funciona. Para que un empleado consiga los resultados que tú quieres debe tener autonomía, un claro sentido del propósito y un entorno de trabajo donde se le respete y que le ofrezca la oportunidad de crecer y aprender (supongo que te has dado cuenta de que crear tu propia empresa te proporciona cada una de estas cosas personalmente). Solo los líderes débiles y borrachos de poder se dejan controlar por su «señor feudal interior», cuya aparición es la confirmación de que están fuera de sí. Mucho antes de que acabara la pandemia anuncié al equipo que desde ese momento era opcional venir a la oficina. Estaba harto de esa voz negativa en mi cabeza que me decía que tenía que controlarlos o verlos físicamente en su puesto. Tenía que deshacerme de ese compañero temeroso.

Sin embargo, la razón por la que la gente adopta este enfoque es porque funciona a corto plazo, aunque solo hasta cierto punto. Pero al igual que cualquier otra decisión o acción basada en el miedo, los resultados son limitados. Porque eso es lo que te hace el miedo: cerrarte el paso. Te topas con un techo de miedo que reduce tu potencial porque, al hacerte un ovillo para protegerte, tus percepciones se encogen. Esto es lo que les ocurre a las empresas cuyos líderes adoptan un enfoque basado en el miedo. Se quedan atascadas y confinadas. En cambio, el impacto de la toma de decisiones basada en el amor, aunque asuste a los jefes y les resulte contradictoria, no tiene límites. Las empresas cuyos líderes actúan desde el amor cambian el mundo de verdad. Basta con mirar a Patagonia, cuyos propietarios han convertido al planeta Tierra en el único accionista de la empresa.

Tus cofundadores y tú

Cuando creas una empresa en igualdad de condiciones con dos amigos (en mi caso) y a la vez eres el único responsable legal es difícil mantener el equilibrio, y yo no siempre fui capaz de hacerlo. Es una de las cosas que más me preocupaban al principio, porque dentro del ciclo vital de una *startup* las peleas entre cofundadores que acaban en un conflicto legal parecen ser de lo más habituales.

Para evitar que nos ocurriera a nosotros, John, Justin y yo nos prometimos que siempre daríamos prioridad a nuestra amistad sobre el negocio. Obviamente, era más fácil de decir cuando el negocio era solo una idea que cuando fue una realidad, pero es uno de esos primeros compromisos que ahora recuerdo con enorme alivio.

Todos los fundadores aportan cosas distintas en momentos distintos y todos son igual de importantes para el éxito de la empresa. La imagen del emprendedor que nos han vendido los medios de comunicación es la de un lobo solitario que está ahí fuera luchando contra viento y marea para conquistar el mundo empresarial. Es una imagen muy extendida que no ayuda. Cualquier jefe medianamente decente te dirá que no duraría ni cinco minutos sin un equipo de personas brillantes a su alrededor. Y el mito del «emprendedor solitario» tampoco te ayuda cuando eres un CEO fundador, porque infla tu ego y te aumenta la presión mental, por lo que te resultará más difícil pedir ayuda debido al rol que crees que tienes que desempeñar.

Por eso es tan importante dar prioridad a las relaciones sólidas con tus cofundadores. Tener personas con las que puedas ser totalmente sincero sobre las cosas que sientes y a las que te enfrentas te mantiene con los pies en el suelo. También redunda enormemente en tu propio interés, porque sea cual sea la estructura accionarial del negocio, si los fundadores de una empresa se mantienen unidos y se mueven como una unidad, es muy difícil que alguien pueda manipularlos.

Dicho esto, hubo un momento en que los tres estuvimos a punto de pelearnos cuando llevábamos un par de años con Unbound. Pero mantuvimos nuestra promesa inicial y quedamos en Hampstead Heath para caminar y discutir hasta que, en lugar de querer matarnos, nos abrazáramos. Nos llevó todo el camino de vuelta a la oficina, después de muchas voces alzadas y algunas lágrimas (sobre todo mías). Pero lo superamos y aprendimos mucho del ejercicio.

También descubrí que haber mantenido una buena relación con tus cofundadores es increíblemente importante cuando dejas la empresa. Durante el proceso de duelo, con nadie te resultará tan reconfortante hablar de cómo te sientes al mirar hacia atrás y recordar lo que hicisteis como con las personas que estuvieron a tu lado.

7

Crea cultura y forma un equipo

A estas alturas ya te habrás dado cuenta de que transmitir la visión que te has propuesto alcanzar depende más de tu equipo que de ti. Por eso otra de tus tareas más importantes es formar un equipo capaz de hacer realidad esa visión. ¿Y cómo hacerlo? Primero, dándote cuenta de que hay dos tipos de empleados.

Radiadores y desagües

La analogía del radiador y el desagüe es bien conocida en los libros de empresa. Algunos empleados son radiadores que mantienen caliente la empresa. Son optimistas y leales, y están dispuestos a hacer lo que haya que hacer. Otros empleados son desagües que chupan la energía de todos los espacios. Siempre están diciéndote a ti o a quienquiera que les preste oídos lo que va mal. Intentarás convencerte de que puedes convertir un desagüe en un radiador, pero no es posible. Cuando detectes uno, por el bien de todos, haz que se vaya. Esto es crucial, porque las culturas de trabajo no se pueden imponer ni crear. Yo pensaba que crear una cultura significaba organizar encuentros sociales con la plantilla u ofrecer algunos de los muchos beneficios sociales que existen hoy en día. Pero resulta que las culturas de trabajo crecen y evolucionan a partir de la confianza que los fundadores y jefes tienen en su gente, y viceversa. No hay otra forma de hacerlo. Puede que suene contradictorio, pero si vas a actuar desde el amor y no desde el miedo, tienes que ser absolutamente implacable en este aspecto. Los desagües tienen que desaparecer. Necesitas una cultura que te permita confiar en todo el mundo.

Pero hay un matiz importante que he descubierto con el tiempo. Cualquiera puede ser un radiador o un desagüe. No es que una persona *sea* radiador o desagüe. Un desagüe es simplemente una persona equivocada en el trabajo equivocado en la empresa equivocada. Una persona podría ser un desagüe en tu empresa pero un radiador en otra parte, así que tienes que ayudarles a darse cuenta de ello. Y si tú crees que alguien es inadecuado para tu empresa, es que lo es. No va a mejorar. No lo vas a cambiar. Tienes que enfrentarte a la verdad. Inmediatamente. Porque si no te deshaces de las personas que traen energía negativa, las personas que aportan energía positiva se marcharán y eso hará que tu empresa caiga en picado.

Mis «normas» para la cultura no constituyen una receta que seguí de forma consciente desde el principio, sino que las identifiqué de forma retrospectiva, y son estas:

1. **Tener un alto nivel de exigencia**
2. **Respetarse mutuamente**
3. **Ser amables**

Cuando le enseñé esta lista a mi colega de la UCL [University College de Londres], se rio y me dijo: «Bueno, también así es como se obtienen resultados en una clase. De hecho, sin esas cosas es imposible aprender».

Si lo piensas, tiene sentido. Tener un alto nivel de exigencia es respetarte a ti mismo y a todos los que te rodean. No significa trabajar más horas. Significa hacerlo lo mejor que puedas. Aplico esta lógica a mis hijos. Les doy un dinero cuando veo sus informes escolares, pero nunca por la nota académica. Se la doy por su nota de esfuerzo. Porque no pueden sino dar lo mejor de sí.

Respetarse mutuamente también es fácil de decir, pero en la práctica requiere que cada persona ponga de su parte. Nadie sabe el camino que han recorrido nuestros colegas para llegar a este puesto de trabajo, ni a qué retos han tenido que enfrentarse. No están obligados a compartir sus historias, pero es crucial tener respeto por esas historias.

La tercera norma puede parecer un poco blanda, pero es la más importante de todas. Aspirar a ser amable en todo lo que realizas te hace pararte a pensar en la forma de comportarte. Y cuando todos los miembros de una organización adoptan ese enfoque, la cultura florece. No es que no pueda haber conflictos, sino que se abordan desde un punto de vista colaborativo. Las personas son personas. Son brillantes, asustadizas, emocionales, divertidas y defensivas. He descubierto que ser amable es la llave maestra que da acceso a todas ellas.

Eso no quiere decir que no te vayas a enfadar nunca, o que no podrás enfadarte nunca. Te enfadarás. Y también la gente se enfadará contigo. Pero el enfado, el tuyo y el de los demás, es una manifestación del miedo. Por eso, cuando te enfades, debes salir de ese sentimiento y averiguar cuál es tu temor. Si no lo averiguas, actuarás desde el miedo y eso empeorará las cosas. Cuando alguien se enfada contigo, tienes que evitar reaccionar con enfado, porque con ello la situación se calentará aún más y será más difícil de resolver. Tienes que averiguar de qué tiene miedo esa persona y lidiar con ello. Esto es lo que significa «estar por encima». No es que «estés por encima» de nadie. «Estás por encima» de tu —o de su— respuesta emocional a una situación determinada para poder identificar cuál es realmente el problema y dedicar tu energía a encontrar la forma de resolverlo.

Y nunca intentes solucionar ningún tipo de conflicto por correo electrónico, SMS o mensaje. En cuanto sospeches que hay un problema, reúnete con la persona en cuestión o, si no es posible, llámala por teléfono. En las comunicaciones escritas se pierden muchos matices. Ser capaz de descodificar los matices es fundamental si quieres resolver problemas humanos.

Contratar

Dependiendo de la fase en que se encuentre tu empresa, vas a necesitar un generalista o un experto en un ámbito concreto. Pero siempre estás buscando radiadores, así que pídele al candidato ejemplos de cuándo se ha comportado como tal en sus funciones anteriores. Siempre me sorprende lo superficiales que son la mayoría de las cartas de recomendación. Tardé un tiempo en darme cuenta, pero una conversación telefónica con el jefe anterior del candidato es la mejor forma de averiguar si es el tipo de persona que necesitas. Se pueden ocultar muchas cosas en una recomendación por escrito.

Contratar amigos

En mi vida he aprendido que cuando le haces un favor a alguien, en general no te lo perdona, pero esto se aplica especialmente a la contratación de amigos íntimos. No lo hagas. Te pueden asesorar sobre un tema concreto en el que sean expertos, pero nunca los pongas en nómina. Puede que estés pensando: «Espera, tú has creado una empresa con dos amigos», pero eso es diferente, porque aunque yo era el jefe, John, Justin y yo siempre estábamos en igualdad de condiciones entre nosotros. Por eso los amigos pueden (y podría decirse que deben) ser cofundadores, porque evitan que los otros se crezcan demasiado. Pero intentar alternar entre ser amigo de alguien y ser su superior en el trabajo es una pesadilla, porque es muy confuso para los dos, y el resto de los empleados también sufren las consecuencias.

Despidos

Despedir a personas es, obviamente, una perspectiva sombría, pero es algo que tienes que afrontar. A nadie decente le gusta hacerlo. Para empezar, recuerda el mantra «obedece la ley, ignora las normas» y empieza por definir tu posición legal. Asegúrate de que comprendes los pasos legales que tanto el trabajador como la empresa tienen derecho a seguir y cúmplelos a rajatabla. Nunca juegues con la ley.

Una vez seguido el proceso legal en cada caso, la regla de oro que fui desarrollando con el tiempo consistía en comprobar qué le correspondía por contrato al empleado en cuestión y ofrecerle un poco más para que se fuera rápidamente. A largo plazo, te resulta más barato que se vaya con dignidad y que el resto del equipo (que, en gran parte, serán sus amigos) sienta que has sido razonable. Recuerda que quienes quieres que se queden se fijan en cómo tratas a los que quieres que se vayan. Si tratas a alguien de manera inapropiada, das a entender al resto que en un futuro podrías hacer lo mismo con ellos. Y dadas las circunstancias, es una pequeña concesión económica que la gente suele apreciar. No olvides que el objetivo general es mantener la estabilidad en un momento de inquietud para el equipo, como lo es inevitablemente un despido.

El proceso es especialmente horrible cuando el empleado no ha hecho nada mal y encaja bien en el equipo, pero tienes que despedirlo para ahorrar dinero. La primera vez que tuve que despedir a alguien en esta situación me derrumbé. La segunda vez me mantuve firme. Después me di cuenta de que mis remordimientos y el odio que sentía por mí mismo en esos momentos no ayudaban a nadie. Y mucho menos al empleado. Al torturarme estaba siendo autoindulgente. Lo cierto es que es lamentable que te despidan, así que lo mejor para todos es que acabes de una vez. Sé rápido, sé claro y sé todo lo generoso que puedas.

La vorágine emocional de despedir a gente disminuye a medida que trabajas en ti mismo, porque te das cuenta de que no eres tú quien los despide. Lo hace la empresa, y aunque la empresa y tú erais una y la misma cosa al principio, no podéis seguir siéndolo según pasa el tiempo.

Nunca des falsas esperanzas ni pretendas ser amigo de la persona que se va cuando le des la noticia. Esa no es tu tarea, y resulta inapropiado y confuso que lo intentes. Sé rápido y breve. Tienes que asegurarte de que no haya lugar a malentendidos. No hay vuelta atrás. Tienen que irse. Pero debes hacerlo de la forma más amable posible. Y, como digo, es bueno que odies tener que hacerlo. Deberías pasar varias noches en vela antes de hacerlo. Nunca es fácil. Pero, a pesar de todo, hazlo.

Transparencia financiera

Por regla general, yo aconsejaría ser transparente con tu equipo sobre los resultados económicos de la empresa en la medida de lo posible, pero obviamente sin perder de vista que tu labor como jefe es mantener al equipo centrado en el trabajo que tiene entre manos. Como ya hemos dicho, tu tolerancia al riesgo será mayor que la suya. Decir la verdad en tiempos difíciles no es buena idea, porque el equipo perderá la concentración. Te corresponde a ti soportar la tensión en estas situaciones. Si te muestras tranquilo, tu equipo asumirá que todo está bajo control y seguirá con su trabajo. Y cuando se disipe el peligro, guárdate para ti mismo lo cerca que estuviste de venirte abajo. Nadie quiere oír que has sido un héroe cuando no sabían que la empresa necesitaba que lo fueras. Cuando te va bien, también tienes que tener mucho cuidado.

No hay desfiles de honor en los negocios. Cuando alcanzas un triunfo, todo el mundo recibe una palmadita en la espalda, pero luego debes focalizar toda tu atención en el siguiente. La clave está en ser coherente con la información que compartes. Lo ideal es mostrar resultados que motiven al equipo e impulsen el rendimiento empresarial, más que enseñar las cuentas mensuales.

Socializar con el equipo

Como he dicho antes, al principio mi equipo y yo estábamos constantemente entrando y saliendo del *pub*. Era lo adecuado en aquel momento. Éramos muy pocos y formábamos una pequeña pandilla muy unida. Pero a medida que el negocio crecía y la plantilla aumentaba, empecé a ver que mi rol me alejaba socialmente del resto del equipo. Me resultaba difícil separarme. Muchos se sorprendieron cuando empecé a irme del *pub* antes que los demás, pero me di cuenta de que al ser jefe ellos necesitaban espacio para poder desahogarse y quejarse de mí. Y no solo lo hacía por eso. Es que a medida que bebían, se envalentonaban y me decían cómo creían que debían funcionar las cosas.

También puede ser perjudicial para la cultura corporativa que solo una parte del equipo vaya al *pub* y que tú siempre vayas con ellos. Algunos miembros del equipo piensan que se crean grupitos reales o imaginarios y perciben que solo haces vida social con unos pocos de ellos. Hace poco le explicaba esto a un amigo que es comandante del ejército británico, y me dijo que eso es algo que les enseñan en la formación de oficiales en Sandhurst. Vas al *pub* con tus soldados al principio de la noche para demostrar que no estás por encima de nadie, pero después de una o dos copas te vas. Siempre. Entiendo por qué. Se ahorran muchos problemas.

Ponte al día

También debes asegurarte de mostrarte accesible para el equipo, sobre todo a medida que la plantilla aumenta y socializas menos, porque tal vez les estés quitando la única oportunidad de hablar contigo. Como no podía pasarme horas sentado en la oficina manteniendo conversaciones incómodas, decidí introducir los paseos con el equipo. Cada dos meses iba con calzado cómodo a la oficina y me llevaba a todos los miembros del equipo, de uno en uno, a dar un paseo por el parque o por el canal para charlar. Las reuniones a pie son estupendas por muchas razones. Obviamente, te saca de la oficina, pero además el movimiento aumenta el flujo sanguíneo, lo que ayuda a la gente a poner en marcha el cerebro y a mover la lengua. También minimiza el contacto visual, que no puedes evitar en un encuentro en una sala de reuniones, y el contacto visual prolongado hace que la gente se ponga nerviosa. Sobre todo si ese contacto visual es con el jefe. Es necesario que se sientan relajados para que la experiencia sea fructífera tanto para ellos como para ti.

Me encantaban las conversaciones que teníamos. Y no fallaba: al final del paseo, mientras volvíamos a la oficina, por fin salía aquello de lo que realmente querían y necesitaban hablar. Entonces nos parábamos frente a la puerta y teníamos una conversación más intensa. Sé, por lo que me comentaban, que les gustaba pasear y hablar. Otra opción es escalonar los encuentros a lo largo de unas semanas: recuerdo que un día salí a caminar con ocho personas seguidas y al terminar me di cuenta de que había caminado casi 32 kilómetros.

8
Las hojas de
cálculo no
mienten

Hubo muchos momentos en Unbound en los que lo único que quería era que otra persona se ocupara de hacer —y de entender— algo en mi lugar.

La contabilidad era una de esas cosas. Pero, como era de esperar, este enfoque nunca funciona. No hay atajos. Nadie va a venir a salvarte. En algún momento tendrás que entender completamente todo lo que hace tu empresa a medida que evoluciona, así que más vale que te ahorres tiempo y lo hagas ahora. Especialmente en el caso de las finanzas. Porque si no lo haces, tu negocio fracasará.

La buena noticia es que estás en la posición perfecta para aprender. Para algo eres el jefe, así que les puedes pedir a los expertos de contabilidad de tu empresa que te expliquen las cosas. También tienes un caso de estudio ideal, porque aunque quizá no entiendas los entresijos de las hojas de cálculo que elabora tu contable, constituyen una perspectiva específica del negocio que ya conoces. Es una especie de triangulación de la comprensión. Tú conoces la realidad y él conoce los números, así que entre los dos —y con un poco de tiempo y paciencia— conseguiréis que te resulte más fácil de lo que crees.

La prioridad es tu planificación financiera. Dependiendo de cómo sea tu negocio, el dinero llegará en momentos diferentes. Puede que hagas una venta en un mes, pero que te paguen muchos meses después, o que tardes más de lo previsto en cobrar tus facturas. El sector editorial es estacional, y la mayor parte de la facturación se produce al principio y al final de cada año natural, por lo que muchas editoriales necesitan tener cubiertos los gastos que tienen que afrontar durante la primavera y el verano. Tienes que alcanzar lo antes posible el punto de equilibrio en los flujos de efectivo, que es cuando cada mes generas los ingresos suficientes para cubrir las facturas de ese mes. Esto significa que, en teoría, la empresa podría seguir funcionando independientemente de si es rentable o no, siempre que mantenga un flujo de caja positivo, es decir, mientras ingrese más de lo que gasta. La liquidez es el flujo sanguíneo de tu empresa. Incluso los atletas más fuertes, más rápidos y con más éxito morirían en cuestión de minutos si se quedaran sin sangre. Lo mismo ocurre con las empresas. En su fase inicial, la mayoría de las empresas no facturan lo suficiente como para pagar sus facturas, y por eso tienen que buscar financiación. Si estás gastando 20.000 euros más al mes de lo que ingresas y según tu previsión de liquidez vas a tardar un año en alcanzar el equilibrio financiero, vas a necesitar encontrar una inversión mínima de 240.000 euros para superar ese período. Este es tu horizonte financiero, que se llama así porque si se agota antes de que tengas un flujo de caja positivo, no tendrás ninguna posibilidad de avanzar.

Por este motivo dije al principio que asegurarte de que el negocio nunca se queda sin efectivo es una preocupación que se apodera de una parte específica de tu cuerpo. Porque ese horizonte, o tu «fecha de caducidad», se irá alejando si las cosas van mejor de lo que esperabas y tu planificación financiera mejora, lo cual es maravilloso (¡e inusual!). Pero, obviamente, si las cosas van mal, comenzará a acercarse. Y si las cosas se ponen muy feas, puede aparecer de repente delante de ti a una velocidad aterradora. Y si no estás a tiempo de conseguir más financiación o el rendimiento de la empresa no mejora dentro de un plazo determinado, entonces se acabó el juego. Por eso siempre estás buscando financiación en tu mente, aunque no lo hagas en la práctica. Te tienes que preparar por si las cosas dan un giro inesperado. La planificación financiera se revisa mensualmente cuando hay cierta estabilidad, pero se puede hacer semanalmente cuando se complican las cosas.

Una vez que controles tu planificación financiera, tienes que convertirte en un experto en tu cuenta de pérdidas y ganancias (PyG). Se trata de los datos económicos que muestran el progreso real de tu empresa en términos de rentabilidad, más que la situación de tesorería, aunque obviamente ambas cosas están relacionadas. La cuenta de pérdidas y ganancias se elabora mensualmente, y al cabo de doce meses obtienes las cifras de todo el ejercicio anual. Las cifras anuales te dicen si eres rentable o no, y sirven para que tus inversores y tú comparéis tus resultados con los del año anterior. Si quieres buscar financiación de capital riesgo, tus ingresos tienen que aumentar en más de un 70 % año tras año.

La cuenta de resultados completa es muy intimidante pero, de nuevo, no es más que una forma de visualizar una información en la que ya eres experto porque controlas el rendimiento de tu negocio día a día. No te dejes intimidar. Sumérgete. Antes de que te des cuenta serás capaz de explicar alegremente qué es cada línea y cómo ha mejorado o se ha debilitado con el tiempo. Al final, una cuenta de resultados es un relato que, como tu *pitch* original, cada vez puedes contar mejor.

Al principio, las cifras serán tan nefastas que preferirás no hablar de ellas, sino del potencial de la empresa para atraer a la gente mediante tu carisma. Pero, con el tiempo, ese relato adquiere vida propia, y de pronto te ves relatando el cuento de tus cuentas. Como dije anteriormente, hasta que la empresa pueda ser algo en lo que creer, tienes que hacer que la gente crea en ti como CEO fundador. Cuando empieces a hablar con orgullo de tus resultados económicos será señal de que se ha producido ese cambio: tu empresa estará creciendo. Ya no te pondrás tan nervioso como antes al hablar de las cifras, porque ya no serán algo potencial. Te sentirás más relajado y un poco menos dependiente. Y no te extrañes si te sientes raro en el proceso. Puede que te notes menos entusiasmado, a pesar de estar orgulloso de los progresos. Eso se debe a que tu negocio se está alejando de ti. Se está haciendo sostenible.

No lo digas muy alto, pero un día la empresa alcanzará una situación financiera que te permitirá descubrir que ya no eres necesario en absoluto. Al menos, no como antes. Y otra cosa que descubres cuando las cuentas empiezan a cuadrar de verdad, y ya no solo finges que lo hacen, es que estás a punto de salir de la casa de apuestas.

9
La junta
directiva, los
inversores y
los abogados

La junta directiva

Algunos de los que dirigís vuestras propias empresas descubriréis que sí tenéis un jefe. Se llama junta directiva. Aunque tengas el título de CEO, este grupo de personas tiene la responsabilidad legal de la empresa y ostentan el mando de forma colectiva. Si es que tienes una junta directiva, probablemente estará formada por los fundadores, un presidente independiente y representantes de tus principales inversores. Nosotros tuvimos la gran suerte de que un inversor nos presentara en seguida a nuestro presidente, Christoph Sander. Nos ahorró mucho tiempo y nos cubrió las espaldas como fundadores. Me enseñó mucho sobre gobierno corporativo, finanzas y comunicación con los inversores. Éramos muy diferentes: yo era el típico emprendedor *outsider* (dentro de lo que cabe, siendo un hombre blanco de clase media), que había dejado dos veces la universidad, mientras que él había estudiado en Cambridge y en la Harvard Business School, había trabajado en el Boston Consulting Group y había sido consejero delegado de una empresa muy cotizada. Los inversores le veían como una pieza segura, y a mí como un líder enérgico y experto en tecnología con la misión de revolucionar un sector multimillonario. Formábamos un gran dúo y nos hicimos buenos amigos.

El propósito de la junta directiva es apoyarte, presentarte a gente que haga avanzar a la empresa y ayudarte a resolver problemas. Los directores no ejecutivos (que no son empleados de la empresa) están ahí para mantener la calma incluso en las circunstancias más difíciles. Las reuniones de la junta directiva deberían ser momentos en los que los directores ejecutivos como tú (que son empleados de la empresa) sean animados, alentados, motivados y puedan aprender del tipo de experiencia que proporcionan los no ejecutivos y que solo se consigue a base de dar muchos tumbos. Cuando invites a alguien a sumarse a tu junta directiva, asegúrate de que tenga la máxima experiencia posible y de que esté dispuesto a hacer un esfuerzo cuando sea necesario.

Inversores

Los inversores quieren estar al día y recibir actualizaciones al menos cada seis meses. La mayoría de ellos no serán muy exigentes, pero habrá un par de ellos que te requerirán más tiempo. Normalmente, los que más piden son los que menos han invertido, pero eso no importa. Tu trabajo consiste en mantenerlos a todos actualizados con la misma información y asegurarte de que no se lleven sorpresas desagradables. Es necesario tenerlos al día por si te hace falta más inversión, y lo que peor les sienta es que les contactes solo cuando de hecho la necesitas.

Abogados

El asesoramiento jurídico es una de las cosas más caras y frustrantes de dirigir una empresa. Antes de Unbound, pensaba que los abogados te decían qué hacer en situaciones en las que necesitabas asesoramiento jurídico, pero no es así. Lo que hacen es cobrarte un montón de dinero a cambio de un perfil de riesgo para múltiples líneas de actuación —teniendo en cuenta que por la naturaleza de su profesión deben ser pesimistas y reacios al riesgo—, y tú tienes que valorar hasta qué punto es realista su opinión, sopesándola con las responsabilidades que tienes con tus accionistas para poder tomar una decisión.

El secretario del consejo de administración de nuestra empresa es un hombre muy sabio, y de él recibí el mejor consejo para enfrentarse a cuestiones legales. Me recomendó que, en cualquier situación, debía limitarme a dos posibles líneas de actuación y, para cada una de ellas, simular para mí mismo una comparecencia ante un tribunal, imaginando que mis accionistas se oponían y me demandaban por una decisión que había tomado. El curso de acción que hay que seguir es el que te resulte más fácil de defender. Es muy improbable que alguna vez te encuentres en esta situación (para eso está la responsabilidad colectiva de la junta directiva: para proteger a la empresa de cualquiera que se pase de listo) pero, créeme, imaginarte a ti mismo defendiendo por qué hiciste algo es un ejercicio maravillosamente clarificador. A mí me ayudó muchas veces a tomar decisiones legales, porque a menudo no se trata de que solo haya una correcta, sino de que algunas líneas de actuación resultan más fáciles de defender que otras retrospectivamente. Y estas simulaciones te evitan tomar decisiones desde la ira (que proviene del miedo).

Recibir amenazas legales es bastante desagradable, y entrarás en pánico cuando (o en el caso de que) recibas tu primera carta legal, pero respira. Nunca son tan horribles como parece una vez que las desglosas. Aléjate de tu ira defensiva (miedo) y sé práctico. La clave en cualquier asunto legal es intentar descifrar qué quiere realmente la persona o entidad que te envía la carta. Es probable que esté oculto tras la jerga jurídica, pero en alguna parte debe estar. Una vez que lo hayas identificado, encontrarás una vía para solucionarlo. Y si realmente no la encuentras, reúnete con quien te haya enviado la carta o con sus representantes y pregúntales sin rodeos qué es exactamente lo que quieren. Oblígalos a definirlo. Hasta que no averigües qué es, nunca resolverás la situación.

No permitas que tu miedo o los miedos de los que te rodean tomen ninguna decisión. Mantén la calma. Puede que seas el único que lo haga. No pasa nada. Para eso eres el líder. La gente se guiará por ti. Recuerda que las cartas judiciales también son una expresión de la ira (el miedo) de alguien. Averigua qué es lo que temen y demuestra que sus temores son infundados. Identifica cuáles son tus temores, neutralízalos y entonces nunca podrán manipularte. Pero, como dije antes, atraviesa el miedo con tu mirada para encontrar tu posición de salida. A veces basta con que lances tú otra amenaza. Solo asegúrate de que estás realmente dispuesto a cumplirla.

Otra cosa que aprendí en algún sitio, no recuerdo dónde, fue que debía imaginarme que todos los correos electrónicos, mensajes de texto, SMS o publicaciones en redes sociales que escribiera siendo CEO se leerían ante un tribunal en algún momento futuro. No es autocensura, solo se trata de elevar tu propio listón de normas de comportamiento. Te hace mantener el foco. Obviamente, no siempre podrás estar a la altura de las normas más estrictas en todos y cada uno de los detalles —todos somos humanos—, pero es una meta digna de intentar alcanzar.

De eso se trata, ¿verdad? El problema es que cuando llega el éxito no es como te lo imaginabas.

En aquel momento yo estaba demasiado ocupado avanzando de una meta a otra como para darme cuenta, porque mis expectativas sobre mí mismo y sobre el negocio eran cada vez más altas. Pero con el tiempo tengo una visión ligeramente distinta. Ya no defino el éxito enteramente en términos de negocio: los objetivos de facturación, el número de superventas que publicamos o cómo nuestros libros cambiaron el mundo, de todo lo cual estoy y estaré siempre orgulloso. Para mí, el éxito es ahora algo mucho más personal. Radica en el segundo camino: los logros de mi propio crecimiento individual. Y esta narrativa del éxito está hecha de recuerdos. Breves momentos que recuerdo con una enorme sonrisa en la cara y pienso: «Sí, la verdad es que mi camino en Unbound ha sido el mejor período de mi vida (hasta ahora)».

He aquí algunos recuerdos que espero ayuden a ilustrar lo que quiero decir. Hay un par de páginas en blanco al final del libro y te animo a que empieces a anotar en ellas tus propios logros, por pequeños que sean.

1

Conseguimos nuestra primera inversión de 50.000 euros durante el desayuno. Salí de aquella reunión con la convicción de que sería capaz de hacer lo que había asegurado a todos que podría hacer.

2

Recibimos un correo electrónico de Shaun Usher, que dirige *Letters of Note*, cuando lanzamos Unbound en el Hay Festival, en medio de una especie de frenesí mediático. Nos preguntaba si nos interesaría publicar su libro. Cuando se lo dije a John y Justin, los dos gritaron «¡SÍ!».

3

Colgamos el logotipo de Unbound en la pared de nuestra primera oficina: el salón de mi piso. Todo el mundo dijo que así daría la sensación de que Unbound se había hecho realidad, y así era.

4

Un día sonó mi teléfono: «¿Hola? ¿Dan? Soy Raymond Briggs. Te he escuchado en Radio 4. Al parecer, le estás dando una buena patada en el culo a la industria editorial. ¿En qué puedo ayudarte?». Raymond, el famoso autor de *El muñeco de nieve*, era para mí alguien completamente fuera de mi alcance, no solo por el impacto que tenía en el mundo editorial, sino también por la influencia que sus libros habían tenido en mí durante mi infancia. Y mis dos hijos mayores, Wilf y Olive, que eran pequeños entonces, se quedaban sin aliento cada vez que aparecía su nombre en la pantalla de mi teléfono cuando me llamaba. Publicar sus libros fue un privilegio. En nuestras comidas en el *pub* pude ver un lado de Raymond que la mayoría de la gente no veía, y recuerdo con cariño los buenos ratos que pasamos, las risas, sus impertinentes cartas de agradecimiento y las deprimentes tarjetas de Navidad que enviaba.

5

Nick Cave interpretó *Love Letter* en un piano Steinway & Sons en el Tabernacle de Notting Hill para el lanzamiento de prensa de *Letters of Note*. La asombrosa fuerza de la naturaleza conocida como Jamie Byng, que dirige la editorial Canongate, hizo posible esa aparición y que muchas otras caras famosas acudieran a leer cartas del libro de Shaun.

6

A la mañana siguiente de que *The Wake* se alzara como libro del año en los premios Bookseller, me desperté en el suelo de mi baño aún vestido de esmoquin. Fue una noche caótica. Sin embargo, cuando *The Good Immigrant* fue premiado dieciocho meses después, me mantuve sobrio.

7

Di una conferencia sobre Unbound ante dos mil editores en un hotel de Londres. Les dije que habíamos sacado a la luz el punto débil de la Estrella de la Muerte (Amazon) y les pregunté si querían oírlo. Fue el «sí» más fuerte que he oído nunca. Cuando bajé del escenario, una multitud de personas se me acercó y un hombre gritó: «Dan, ¿quieres casarte conmigo?».

8

En la sala de juntas de Unbound vi a John charlando con Jonathan Coe sobre *The Broken Mirror*, el libro que iba a publicar con nosotros. Cuando en 2011 los tres fundadores nos habíamos reunido en aquel *pub*, cada uno hizo una lista de autores a los que más le gustaría publicar. Jonathan Coe era el único que estaba en las tres listas.

9

Una semana después de cumplir cuarenta años viajé a Nueva York para presentar Unbound a los peces gordos del mundo editorial estadounidense y darme a conocer en Kickstarter. Nunca pensé que podría hacer un vuelo transatlántico semejante con la fobia a volar que había padecido durante años y que apenas acababa de superar. Me desperté temprano y salí a correr hasta el Empire State bajo un sol primaveral, escuchando la lista de canciones sobre Nueva York que me había hecho. Mi primera reunión esa misma mañana fue en el Rockefeller Center con Carolyn Reidy, la legendaria editora y directora general de Simon & Schuster, que estaba intrigada por lo que estábamos haciendo. Fue extraño cómo me recibió al salir del ascensor, como a un viejo amigo. Pero al conocer a Carolyn descubrí que hay algo inocente en la forma de hablarse de tú a tú entre fundadores y CEO: es como un código tácito en el que tú reconoces algo en ellos y ellos en ti, y eso disuelve al instante cualquier tontería. No importa si tu empresa es grande o pequeña: hay cierto nivel de respeto por el hecho de codearte con gente superexitosa. Igual de alucinante fue conseguir una visita a la sede de Kickstarter esa misma tarde.

10

En un momento en que mi salud mental se resentía, me fui una semana a Cornualles a construir una tabla de surf con James Otter, a quien había conocido en las DO Lectures. Escribí un libro sobre esa experiencia titulado *The Surfboard* y lo publiqué a través de Unbound, lo que me proporcionó una visión inestimable del negocio, no como jefe sino como autor.

11

Me recuerdo conduciendo en medio de la nada, intentando mentalizarme para una reunión crucial con un posible inversor en su enorme casa de campo. Cuando eres el jefe, nadie te da ánimos, así que tienes que encontrar la manera de automotivarte. A mi hija Olive le gustaba mucho la película *El gran showman*, así que tenía el CD de la banda sonora en el coche. Canté una y otra vez *A Million Dreams* lo más alto que pude mientras recorría a toda velocidad los caminos rurales, para descargar adrenalina. La reunión fue un éxito, triunfé totalmente.

12

Me pidieron que hablara en el Parlamento Europeo. Aproveché el poco tiempo del que disponía para sugerir que ya era hora de superar la idea de que los emprendedores son viejos en yates que no saben pilotar, rodeados de gente guapa que solo está con ellos por su dinero (el ex primer ministro de Finlandia resopló de risa), y defendí que los verdaderos emprendedores modernos aspiran, en cambio, a hacer del mundo un lugar mejor. Primero pensé en decir algo más soso, pero luego me dije: «¡Qué diablos! ¿Qué sentido tiene hablar frente al poder y no decir lo que realmente piensas?». No me han vuelto a invitar.

13

A la salida de la Feria del Libro de Fráncfort, tras un largo día de reuniones, John y yo nos encontramos con Nigel Newton, fundador y CEO de la editorial Bloomsbury, y Stephen Page, que era entonces CEO de Faber & Faber. Fuimos juntos a dar un paseo, comentando animadamente la polémica en torno al ganador del Premio Booker de ese año, antes de disfrutar de unas copas de vino. Esa es mi anécdota editorial top. Cuando pienso en aquel sótano infestado de ratas de Bognor Regis, la idea de que ocho años después me encontraría en esa situación con ellos tres me habría resultado ridícula. Nigel vino a la UCL en 2023 para una sesión de preguntas y respuestas con mis alumnos. Les hizo más preguntas él a ellos que ellos a él.

Es uno de los pocos emprendedores fundadores genuinos del mundo editorial. Uno de los grandes de la edición de todos los tiempos.

14

Aprovechamos nuestras ventas directas para ayudar a conseguir que *Fuck Yeah, Video Games*, de Daniel Hardcastle, alcanzara el número cinco en la lista de libros más vendidos del *Sunday Times*. Me llevó mucho tiempo cumplir este sueño. Irrumpir en las listas de éxitos fue como si por fin Unbound fuese una realidad.

15

En plena pandemia negociamos y firmamos el acuerdo para que Unbound publicara *The Secret Life of LEGO bricks*. LEGO es la mejor empresa del mundo. Ahora soy un AFOL. Búscalo.

16

Dimos a conocer el libro *42: The wildly improbable ideas of Douglas Adams* con un vídeo de presentación narrado por Stephen Fry. Estábamos más allá del reino de los sueños.

17

No siempre fue fácil, pero John, Justin y yo nos esforzamos por dar prioridad a nuestra amistad sobre el negocio. La relación que tengo con ellos ahora es mucho más profunda y significativa que cuando empezamos. John fue nuestro padrino de boda cuando Isobel y yo nos casamos.

18

Cuando alcanzamos la rentabilidad, me emocioné mucho al enterarme. No me avergüenza admitirlo. Cuando intentas crear una empresa disruptiva, respaldada por capital riesgo y que defina una categoría, tienes que actuar como si fueras la división de I+D del sector que intentas cambiar. Pruebas muchas cosas distintas, la mayoría de ellas no funcionan y pierdes mucho dinero averiguando lo que sí funciona. Convertir una empresa así en un negocio real después de una década y conseguir que diera beneficios con la pandemia de COVID-19 y el Brexit de fondo fue realmente difícil. Pero lo conseguimos.

19

Los momentos y reuniones sobre los que no me permiten escribir todos los acuerdos de confidencialidad que tuve que firmar.

20

John Thompson, autor de *Merchants of Culture* —el libro que compré en 2011 a todos los empleados para que conocieran el mercado editorial— vino a entrevistarnos a John y a mí para una continuación que estaba escribiendo titulada *Book Wars: The Digital Revolution in Publishing*, que se publicó en 2021. Lo tengo en la estantería de mi salón junto a *Merchants of Culture*. Dedica todo un capítulo a Unbound. No puedo explicar cuánto me emociona ser citado en ese libro: es una forma de cerrar el círculo, porque habla de cómo estaba cambiando el mundo de la edición gracias a la empresa que fundamos para hacer que la industria editorial evolucionara.

Como puedes comprobar, estos recuerdos no son sino breves momentos de un emocionante camino que duró toda una década. Soy yo, viviendo y siendo quien era en aquellos momentos. Y quisiera que no olvidaras esto: que los obstáculos aparentemente insalvables de tu negocio que hoy te desquician, al final resultarán ser algunas de las cosas por las que sientas nostalgia y recuerdes con orgullo e incredulidad. Y ahora me doy cuenta también de que muchos de estos recuerdos representan momentos en los que la forma de definirme a mí mismo había cambiado o estaba a punto de cambiar. En algunos casos resulta embarazoso, pero eso también está bien. Es parte del camino del emprendedor. No hay una forma incorrecta de sentirse. Simplemente intenta asimilarlo todo —lo bueno y lo malo— en la medida que puedas en cada momento.

11
**Cuándo
debes irte
y por qué**

En algún momento te darás cuenta de que la visión de tu negocio ya está consolidada. Habrás alcanzado la rentabilidad o estarás en el camino de la sostenibilidad financiera, y la necesidad de obtener financiación habrá desaparecido. Y si eres inteligente, a estas alturas ya habrás contratado a personas que hayan dirigido empresas reales antes, personas que se ocupen de las cosas cotidianas que ya no te interesan.

Es difícil imaginarse en esa fase al principio, cuando no tienes más que una idea en un papel, pero si nunca te rindes y las cosas van como tú querías, un día te encontrarás mirando a tu empresa, preguntándote precisamente qué te queda por hacer. Es algo difícil de asumir, pero al final los fundadores y los CEO también se convierten en desagües.

Esta es la etapa final del camino del emprendimiento: darte cuenta de que las habilidades que has desarrollado ya no son las que necesita el líder de tu empresa. Es hora de que te vayas.

Hablando con otros fundadores y CEO y leyendo sus libros y sus blogs, parece que hay consenso en que tres o cuatro años antes de tomar la decisión de irte ya comienzas a sentirte inquieto. Yo empecé a sentirme poco a poco menos vinculado emocionalmente a Unbound a medida que trabajaba en mí mismo, lo que coincidió con el hecho de que el negocio empezaba a crecer más allá de mí. Es una sensación extraña, pero cuando la empresa se vuelve más estable ya no exige toda tu atención. Además, para ser sincero, el trabajo empieza a resultar repetitivo. Todo el frenesí y el caos iniciales resultan estimulantes: intentar construir algo en tiempo real y luchar por una posición en tu sector, buscar financiación, volar por todo el mundo, conocer a gente asombrosa, palpar la realidad de tu negocio interactuando con los clientes, hacer realidad todas tus locas ideas, alcanzar los objetivos de incremento de facturación anuales año tras año. En cambio, ajustar los márgenes, reducir el tiempo y el dinero invertidos en I+D (porque te has adaptado al mercado y necesitas centrarte en mejorar de manera gradual), recortar los costes..., todo lo que las empresas reales necesitan ajustar y refinar constantemente para aumentar los beneficios no parece muy *emprendedor*.

Fue entonces cuando empecé a pensar seriamente en la sucesión y decidí hacerlo de forma paulatina y fluida para la gente que me rodeaba, delegando cada vez más funciones en las personas ambiciosas de la empresa, de modo que cuando me marchara el impacto fuera mínimo en el día a día. Sentía que antes de irme tenía que alcanzar la rentabilidad. Era el logro que me permitiría mirar a mis inversores de frente. Todo el equipo sabía que trabajábamos por la rentabilidad. Les expliqué que eso daría a la empresa las mayores posibilidades de longevidad.

Sin embargo, después de haber tomado la decisión y haber hablado con John, me acobardé. Lo comentamos durante un largo paseo por la campiña de Oxfordshire, cerca de su casa, y cuando nos abrazamos para despedirnos me preguntó: «¿Estás seguro, Dan?». Y recuerdo que le dije un poco desesperado: «¡No!», y le di otro abrazo de oso. Pero era mi miedo a lo desconocido el que hablaba. Tenía miedo de descubrir quién era yo sin el negocio. Porque, al cabo de un tiempo, el negocio se convierte en un escudo. A pesar de los altibajos, te acostumbras a tener esas letras detrás de tu nombre. Te ubica en el mundo. Pero yo soy el tipo de persona a la que eso le resulta inquietante. Siempre tengo que estar moviéndome. Era hora de irse.

El proceso de planificar mi marcha también coincidió con la constatación de que Unbound era —y había sido desde el principio— un prisma a través del cual miraba todo el día, todos los días. Comprobaba las últimas cifras de ingresos antes de acostarme y nada más levantarme por la mañana. Verbalizar que quería irme, primero ante John y luego ante Justin, me permitió distanciarme lo suficiente como para darme cuenta de que incluso cuando no estaba trabajando, los fines de semana, por las noches, en las escasas vacaciones, seguía viviendo todo ello a través del prisma de lo que ocurría con Unbound. Bañar a mis hijos, cenar con Isobel, ir de copas con los amigos..., cómo me sentía y cómo era estar conmigo en esos momentos siempre estaba sesgado por lo que estuviera sucediendo en ese momento en la empresa. Y era de lo único que querían hablar conmigo todas las personas con las que yo hablaba. Identificar este prisma mientras conducía de vuelta a casa me hizo ver con lucidez que, si no me desprendía de él inmediatamente, olvidaría que estaba ahí. Y entonces nunca sabría qué debía hacer a continuación.

Cuando vimos el experimento mental que puedes hacer al buscar financiación para «atravesar tu miedo con la mirada», dije que al final del ejercicio encontrarías algo hermoso. En mi caso, al contemplar la posibilidad de desprenderme de ese prisma descubrí que el experimento mental que habíamos hecho Isobel y yo era la vida que realmente quería y que mi familia necesitaba. Pero entonces me di cuenta de que solo después de transitar el camino del emprendimiento con Unbound había podido desarrollar la autoconfianza necesaria para creer en esta realidad y elegirla. Fue en ese momento cuando finalmente descifré el código de lo que la empresa, y mi camino de desarrollo personal, habían supuesto para mí.

Las dos edades adultas

Cuando estaba revisando todo esto me topé con la idea junguiana de que en la vida tienes dos edades adultas. La primera es la que vives como reacción a tu infancia y a tu educación, en la que trabajas para demostrar al mundo que lo has hecho bien, según las definiciones que aceptaste y asimilaste de joven. La segunda edad adulta, que suele darse en la mediana edad (yo tenía cuarenta y seis años cuando dejé la empresa), empieza cuando desarrollas el valor de rechazar las definiciones y los logros de la primera edad adulta y decides por ti mismo quién eres realmente y cuáles deben ser esas definiciones.

Hacia el final de mi andadura con Unbound me di cuenta de que demostrarme a mí mismo que era un emprendedor de éxito a ojos de otras personas me daba la libertad de definir ahora el éxito en mis propios términos.

Tampoco creo que importe cuál sea el objetivo que te propongas. Para algunos fundadores es una cifra de ingresos, para otros es la rentabilidad, y otros quieren vender la empresa y ganar una cantidad de dinero que les cambie la vida. Sea cual sea tu objetivo, cuando lo alcances desbloquearás la verdad de tu camino, siempre que hayas dado prioridad a tu propio crecimiento y al de la empresa. Además de evolucionar como persona, mi objetivo había sido llegar a la rentabilidad. Tal vez no fuera más que un punto de referencia ampliamente aceptado en las empresas respaldadas por capital riesgo que me rodeaban, que habían dejado de aumentar exponencialmente sus ingresos y necesitaban pivotar hacia la rentabilidad. No lo sé. Pero cuando empezamos a ser rentables mensualmente, volví a fantasear con el experimento mental. Entonces me di cuenta de que mi propia definición de éxito había estado en mi mente todo ese tiempo. Solo me faltaba la autoconfianza necesaria para darme cuenta. Estar con mi familia, apoyar las aspiraciones de las personas que quiero, escribir y enseñar. Vi que la empresa no iba a proporcionarme esas cosas. Pero comprendí que el logro de construirla sí podría hacerlo, si me permitía desarrollar el valor que necesitaba para dejarla.

Podrías tomarte esto como una prueba de que no tienes que molestarte en hacer realidad tus ambiciones porque no hay nada significativo detrás de ellas, pero no es eso lo que quiero decir en absoluto. No. Es el proceso de fijarte un objetivo y ponerte en marcha para alcanzarlo —el viaje, no el destino— lo que significa que comprendes y reconoces tu propia verdad cuando lo alcanzas. De una forma u otra, el final llegará, sin que puedas controlarlo del todo. Tienes que esforzarte más allá de lo que te consideras capaz de hacer para poder creer en la verdad que ya está dentro de ti cuando alcances tu meta.

Casualmente —o tal vez no—, elaborar nuestra propia definición del éxito fue el principal consejo que recibimos de Yancey Strickler, cofundador de Kickstarter, cuando John y yo habíamos ido a verle unos años antes durante mi segundo viaje a Nueva York. Nos aconsejó que nos aseguráramos de que perseguíamos nuestra propia definición de éxito y no la de los demás. En aquel momento no capté la sabiduría de su consejo, pero ahora sí. Y he descubierto que este es el verdadero tesoro que se encuentra al final del camino del emprendimiento.

Desde que me fui de la empresa he detectado que también para mí el éxito va más allá. Lo que constituía la visión de la empresa, el deseo de perturbar el mercado editorial y de abrir el acceso a él, era —y es— algo que me quemaba por dentro, pero el deseo de pasar a la acción y hacerlo realidad en lugar de quejarme de las editoriales en el *pub* era algo más personal. Ahora me doy cuenta de que mi aspiración de ser emprendedor era otra manifestación de mi malestar mental. O quizá enfermedad. Si lo piensas, la mayoría de los emprendedores se sienten inadecuados. No se sienten suficientemente buenos por sí mismos. Por eso tienen que «dejar huella en el universo» —en palabras del santo patrón de los emprendedores tecnológicos, Steve Jobs— saliendo en busca de estos logros arbitrarios para demostrar su valía. Ellos, nosotros, buscamos una validación externa. Queremos lograr algo que otras personas consideren que tiene mérito. Queremos respeto. Una prueba de que, después de todo, «valemos la pena».

Dentro de la versión actual de la economía global, el camino de emprender parece ser la forma definitiva de demostrar tu valía, por lo que muchas personas como yo decidimos hacerlo. Pero, como he comentado antes sobre lo que me ocurrió con los premios, la validación externa a la que aspirabas al principio no es lo que pensabas cuando la obtienes. Y todo aquello que creías que ibas a sentir cuando alcanzaras esos parámetros de éxito, que ahora no estás del todo seguro de haber elegido por ti mismo, resulta que no lo sientes después de todo.

Al final me di cuenta de que esos sentimientos siempre estuvieron más cerca de lo que creía. De hecho, puedo verlos y sentirlos ahora mismo cuando me miro al espejo. Están en la sonrisa de alivio de mi cara. En la paz que siento en mi interior. Y en los rostros de las personas a las que quiero, que ahora puedo ver, libre ya del prisma de las expectativas ajenas que coloqué en la punta de mi nariz en un intento de ponerme a prueba a mí mismo.

Lo cual, me doy cuenta, por fin he conseguido.

También puedo ver que este estado mental que tanto me ha costado alcanzar es solo la etapa actual de un camino que seguiré recorriendo a lo largo de toda mi vida. Si en el proceso de creación de tu empresa das prioridad a tu propio crecimiento personal, superando las ideas preconcebidas que tienes de lo que eres capaz, tú también llegarás a este lugar.

Y créeme. Cuando llegues aquí, te van a encantar las vistas.

Epílogo

Habían pasado seis meses luego de dejar el cargo de CEO y volvía a casa tras mi primer día como profesor de un módulo del Máster de Edición de la UCL. Estaba cansado, pero lleno de adrenalina. Era una sensación muy parecida a la que tenía cuando sabía que una presentación ante posibles inversores había salido bien. Me recorría una energía electrizante. Pero exponer a los alumnos algunas de mis experiencias y esbozar lo que íbamos a tratar en las doce semanas siguientes me había hecho sentir algo más, algo que había sentido pocas veces en mi vida. Cualificado. Estaba allí para enseñar sobre el emprendimiento editorial, que era justo lo que yo había hecho. Ver la lista de lecturas del módulo también me hizo sonreír: *Merchants of Culture*, de John Thompson, era el primero de los libros.

Aquella noche, mientras preparábamos la cena, Isobel y yo comentábamos qué tal nos había ido el día a cada uno, para ayudarnos a procesarlo. En mi caso, le conté cómo me había sentido al hablar con los estudiantes. Cómo se parecía a cuando buscaba financiación, pero era un sentimiento más nutritivo, que me costaba desentrañar.

Isobel se volvió hacia mí. «Por supuesto», dijo. «Es porque estabas allí para dar y no para recibir.»

Una sonrisa de comprensión iluminó mi cara.

Sí, era eso. Exactamente.

Sobre el autor

Dan Kieran es cofundador de Unbound, la premiada plataforma editorial que dirigió como CEO durante más de once años. Transformó lo que había empezado como una simple idea en un trozo de papel en una empresa global, multimillonaria y rentable. Es autor (y editor) de trece libros, entre ellos los superventas *Crap Towns*, *The Idle Traveller* y *The Surfboard*. Ha dado conferencias sobre su trayectoria como emprendedor en Google, The DO Lectures, la Cumbre del Libro de Toronto, la Feria del Libro de Londres, FutureBook, el Hay Festival, la Universidad de Cambridge y el Parlamento Europeo. Ha aparecido en *BBC Breakfast News*, *Channel Four News*, *Sky News*, *ITV News*, *Today Programme* y *You and Yours* en BBC Radio 4, *The One Show* de la BBC, *Newsnight* y Radio 2. Tras dimitir como CEO de Unbound en marzo de 2022, permanece en la junta como director no ejecutivo y ahora imparte clases en el Máster de Edición del University College de Londres.

Puedes contactar con Dan en X @dan_kieran y a través de su sitio web dankieran.com.

Recursos

Libros

Dare to Lead
Brené Brown

Una autora cuyas charlas siempre me resultan inspiradoras. Hay que tener agallas para mostrar vulnerabilidad como líder empresarial. Pero, como explica Brené Brown, la vulnerabilidad es, en realidad, tu superpoder.

Que mi gente vaya a hacer surf
Yvon Chouinard

No estaba seguro de que alguien como yo pudiera ser emprendedor hasta que leí la historia de Patagonia.

Fluir: una psicología de la felicidad
Mihaly Csikszentmihalyi

Siempre compro este libro a la gente. A mí me dio el valor para valorar y escuchar mi voz interior. Cambiará tus prioridades en la vida.

La historia de mis experimentos con la verdad
M. K. Gandhi

El mejor manual de disrupción que he leído nunca. Gandhi desempeñó un papel enorme en la agitación y la derrota de la que entonces era la organización más poderosa del mundo: el Imperio británico. Lo que más me gusta es que cuanto más avanzaba Gandhi en su propio camino espiritual, mayor era su impacto en el mundo.

El obstáculo es el camino
Ryan Holiday

El verdadero truco de ser emprendedor es ver todo lo que ocurre, bueno o malo, como una oportunidad. Este libro te muestra cómo se hace.

La crisis de la mediana edad. Del sufrimiento al sentido
James Hollis

Todos los libros que he leído de James Hollis son asombrosos, pero este se enfoca en la idea de Jung sobre nuestras dos edades adultas.

The Surfboard
Dan Kieran

Perdona mi ego por un momento, pero superarme a mí mismo construyendo una tabla de surf de verdad con James Otter (autor del excelente *Do Make*) me sacó de un agujero psicológico muy profundo. Lo escribí cuando estaba muy «metido» en el negocio, así que da una idea de cómo se lucha por estar a la altura de las exigencias de dirigir una empresa, sin la ventaja de la retrospectiva.

¡Cambia el barco de rumbo!: Una historia real sobre cómo transformar a seguidores en líderes
L. David Marquet

El mejor libro que he leído sobre liderazgo y sobre tener agallas para ir en contra de la sabiduría convencional, algo imprescindible para los emprendedores. David se hizo cargo de uno de los submarinos con peor rendimiento de la marina estadounidense y lo convirtió en uno de los mejores. Y lo hizo destrozando el reglamento de la marina estadounidense. Cuando volvió y vieron el impacto de un enfoque tan poco ortodoxo, le pidieron que les escribiera un reglamento nuevo.

Cuando el cuerpo dice NO: La conexión entre el estrés y la enfermedad
Gabor Maté
El cuerpo lleva la cuenta: Cerebro, mente y cuerpo en la superación del trauma
Bessel van der Kolk

Puede que pienses que ocuparte de ti mismo es algo que puedes hacer o dejar de hacer, pero las investigaciones demuestran que no enfrentarte a tus demonios internos conlleva importantes riesgos para la salud a largo plazo. Estos dos libros te impulsarán a ejercer un autocuidado activo.

Courting the Wild Twin
Martin Shaw

Es una obra maestra de la narración que te recuerda quién eres por debajo de todo aquello en lo que crees que te has convertido.

Working on the Frontline of Mental Health
Steve Sheward

Steve es el terapeuta cognitivo-conductual al que recurrí para volver a subir a un avión. Este libro es una introducción asombrosa para cualquiera que esté considerando la terapia cognitivo-conductual.

La liberación del alma: El viaje más allá de ti mismo (Advaita)
Michael Alan Singer

Posiblemente un poco «fuera de lo común», este libro te ayuda a experimentar tu propia conciencia de forma diferente, construyendo una verdadera consciencia, que cambiará tu vida y tu forma de dirigir a las personas.

El poder del ahora
Eckhart Tolle

Puede que hayas oído hablar de él hace años y hayas pensado que no es para ti, pero realmente lo es. Cuando necesito un estímulo veo sus vídeos en YouTube. No hay impostura, él es así de auténtico.

El señor de los anillos
J. R. R. Tolkien

Otro manual inesperado de liderazgo/disrupción que muestra los peligros y los límites de ejercer el poder. También trata muy bien el tema del éxito y de no encontrar lo que esperabas cuando alcanzas tus sueños.

Gang Leader for a Day
Sudhir Venkatesh

Los emprendedores tienen que ser capaces de ver las cosas desde perspectivas diferentes, estar preparados para salir de su zona de confort e ir a lugares donde otros nunca han estado. Este libro te muestra, más que decirte, lo que eso significa.

Experiencias que cambiarán tu vida

The DO Lectures

Mi anécdota favorita sobre las conferencias DO es la del patrocinador que llamó para decir que, tras muchos años de feliz apoyo al acto, se retiraba. Cuando le pregunté qué pasaba, me explicó que todos los ejecutivos que habían enviado a las conferencias habían dejado su trabajo para emprender su propio negocio. Quedas avisado.

El Proceso Hoffman

He hecho muchas terapias y retiros diferentes a lo largo de los años, pero el Proceso Hoffman es el que ha tenido el mayor impacto global. Requiere un gran compromiso, y tienes que esperar el momento adecuado, pero merece la pena tenerlo en mente para cuando llegue ese momento.

Notas

Libros en esta colección

Pausa
Robert Poynton

Propósito
David Hieatt

Storytelling
Bobette Buster

Construye valor
Alan Moore

Diseña
Alan Moore

Camina
Libby DeLana

Respira
Michael Townsend Williams

Improvisa
Robert Poynton

Tierra
Tamsin Omond

Encuentra tu voz
Mark Shayler

Vuela
Gavin Strange

Emprender
Dan Kieran